JN260827

ケーク シュクレ
&
ケーク サレ

パティスリーとカフェ10店の
ケーク・バリエーション53

はじめに

　「ケーク」とは、一般的にはパウンドケーキ型で焼くバターケーキのことを言います。小麦粉、砂糖、油脂、卵で生地をつくって焼くだけのシンプルなケークは、焼き菓子の定番中の定番で、クラシックな家庭菓子というイメージが強くありました。ところが最近、そのケークのイメージが変わりつつあります。パティスリーやカフェで、素材の組合せ、デコレーションなどに工夫を凝らした、魅力的なケークを多く見かけるようになりました。たとえばそれは、従来のようなどっしりとした形ではなく、細身の型で焼きあげたモダンなスタイルだったり、ナッツやドライフルーツがいっぱい飾られた生菓子のようにカラフルな姿だったり……。色合いや風味、食感の異なる複数の生地を層にしたものや、オレンジやリンゴのコンポートをトッピングしたフレッシュ感のあるケークも登場しています。

　本書では、伝統的なスタイルから、従来のイメージをくつがえす新感覚のものまで、さまざまなケークを紹介しています。また、後半は徐々に市民権を得はじめた「ケークサレ」のレシピも収録。「サレ」は、フランス語で「塩味」を意味します。食事やちょっとしたおつまみにもなる塩味のケークは、パティスリーやカフェのメニューとして、注目度が高まっています。

　取材店は10店で、掲載商品は53品。いずれも、職人の個性が光るケークです。

目次

※頁数が2つある場合は、左が写真、右がレシピ掲載頁です。

ケークの基本と、アレンジのこつ	6
ケーク53品の断面を拝見	8
ケークづくりをはじめる前に	12

CAKES SUCRÉS
ケーク シュクレ

ケーク オランジュ／パティスリー ユウ ササゲ	14
ウィークエンド スリーズ／パティスリー・ドゥ・シェフ・フジウ	16・18
ウィークエンド アナナ／パティスリー・ドゥ・シェフ・フジウ	17・19
ケーク ミエル シトロン／ノリエット	20・22
ケーク オ テ シトロン／メゾン・ド・プティ・フール	21・23
ケーク シトロン／アカシエ	24・26
レモンポピーシードケーキ／エイミーズ・ベイクショップ	25・27
ケーク アングレーズ／ノリエット	28・30
ケーク オ フリュイ／アカシエ	29・31
ケーク オ フリュイ／パティスリー ユウ ササゲ	32・34
ラムフルーツケーキ／エイミーズ・ベイクショップ	33・35
フリュイ オ ザマンド／パティスリー・ドゥ・シェフ・フジウ	36
テリーヌ ド フリュイ／メゾン・ド・プティ・フール	38
ストロベリーパウンドケーキ／NOAKE TOKYO（ノアケ トウキョウ）	42
プランタニエ 苺のケーク／NOAKE TOKYO（ノアケ トウキョウ）	44・46
シシリエンヌ／メゾン・ド・プティ・フール	45・47
バナナブレッド／エイミーズ・ベイクショップ	48
ケイク フュメ フィグ エ ノワ／リベルターブル	50
キャロットケーキ／エイミーズ・ベイクショップ	52
ズッキーニパンプキンケーキ／エイミーズ・ベイクショップ	54
ウィークエンド 黒ごま黒豆／パティスリー・ドゥ・シェフ・フジウ	56
小豆ともち粉／NOAKE TOKYO（ノアケ トウキョウ）	58
マーブル ショコラ／アカシエ	60
ウィークエンド ショコラ／パティスリー・ドゥ・シェフ・フジウ	62・64
ショコラ ドゥーブル／ノリエット	63・65
ショコラ オランジュ／メゾン・ド・プティ・フール	66・68
バナーヌ ショコラ キュイ／パティスリー ユウ ササゲ	67・69
ケーク ショコラ フィグ オランジュ／アカシエ	70・72
ケーク ショコラ フィグ ダプリコ／パティスリー ユウ ササゲ	71・73
アーモンドチョコレートケーキ／エイミーズ・ベイクショップ	74・76
ケイク ショコラ フロマージュ ブルー／リベルターブル	75・77
ケーク オ キャラメル／パティスリー ユウ ササゲ	78・80
キャトル キャール ブルトン／アカシエ	79・81
ケーク マロン／ノリエット	82・84
ケーク カフェ ノワ／メゾン・ド・プティ・フール	83・85
テリーヌ ドートンヌ／メゾン・ド・プティ・フール	86
ケーク パルファン／パティスリー ユウ ササゲ	88

撮影	大山裕平、高島不二男、うらべひでふみ
デザイン	田坂隆将、松尾美枝子、甘野あかね
編集	黒木 純、諸隈のぞみ、笹木理恵、糸田麻里子

ケイク "ショート"／リベルターブル	90
ケイク エコセ オ トリュフ ノワール／リベルターブル	92
抹茶のケーキ／NOAKE TOKYO（ノアケ トウキョウ）	96
キャラメルポム／NOAKE TOKYO（ノアケ トウキョウ）	98
ケーク シュクレ　デザイン・バリエーション	100

CAKES SALÉS
ケーク サレ

ケーク サレ／パティスリー・ドゥ・シェフ・フジウ	106
ケーク サレ／ノリエット	108
ケーク サレ キュリー／ノリエット	110
ケイク オ レギューム／リベルターブル	112
野菜とベーコンのケーク サレ／quiche quiche（キシュ キシュ）	114
イカ＆桜エビのケーク サレ／quiche quiche（キシュ キシュ）	116
コック オー ヴァンのケーク サレ／カフェ・ド・ヴェルサイユ	118
エスカルゴとバジルのケーク サレ／カフェ・ド・ヴェルサイユ	120
小海老と春野菜のケーク サレ／カフェ・ド・ヴェルサイユ	122・124
ドライフルーツとミモレットのケーク サレ／カフェ・ド・ヴェルサイユ	123・125
ソーセージと野菜のケーク サレ／quiche quiche（キシュ キシュ）	126・128
野菜と挽き肉のケーク サレ（カレー風味）／quiche quiche（キシュ キシュ）	127・129

ケーク、10通りのアプローチ

捧　雄介	パティスリー ユウ ササゲ	132
藤生義治	パティスリー・ドゥ・シェフ・フジウ	133
永井紀之	ノリエット	134
西野之朗	メゾン・ド・プティ・フール	135
興野　燈	アカシエ	136
吉野陽美	エイミーズ・ベイクショップ	137
田中伸江	NOAKE TOKYO（ノアケ トウキョウ）	138
森田一頼	リベルターブル	139
三宅郁美	quiche quiche（キシュ キシュ）	140
中村たかこ	カフェ・ド・ヴェルサイユ	141

おもな材料・風味別索引	142

ケークの基本と、アレンジのこつ

配合は4同割が基本

　ケーク生地の基本となる配合比率は、バター1：砂糖1：小麦粉1：卵1。「パウンドケーキ」という名前は、バター、砂糖、小麦粉、卵を各1パウンドずつ合わせてつくることに由来しています。また、「カトルカール」もフランス語で「4分の4」の意味で、材料の4同割を表わしています。
　しかし、粉、油脂といった基本素材は、それぞれに多様な種類があります。たとえば小麦粉の一部をアーモンドやヘーゼルナッツのパウダーに代えれば、ナッツの風味が加わるほか、ナッツの油脂分が加わるので生地はしっとり仕上がります。また、バターをサラダオイルやヒマワリオイルなどの植物油に代えれば、風味が変わり、より軽い食感になります。
　基本材料だけでつくることができるケークですが、基本の素材を見直すことで、味の印象を変えることができます。各店、素材を吟味しながら、オリジナルの配合でケークをつくっています。

生地づくりのポイントは、バターに空気をたっぷり含ませること

　ケーク生地のつくり方には、大きく分けて、シュガーバッター法とフラワーバッター法があります。
　シュガーバッター法とは、ポマード状にしたバターに砂糖を加えて空気を含ませながら混ぜたあと、卵と粉を混ぜる製法です。ポイントは、バターが白っぽくなるまで、しっかりと砂糖をすり混ぜること。バターにとり込んだ空気がオーブン内で熱膨張して体積を増し、生地全体を膨らませます。また、卵を混ぜる際は、少量ずつ、数回に分けて加えること。そしてそのつどよく混ぜ、乳化させること。バターの油と卵の水分が分離した状態で小麦粉を加えると、小麦粉が分離した水分を一気に吸収してしまい、べたべたした生地になってしまいます。
　一方、ポマード状にしたバターに粉類を加え混ぜ、砂糖をすり混ぜた卵液を加えて混ぜるのがフラワーバッター法。こちらは、バターと小麦粉を混ぜながら、空気をとり込むや

り方です。卵を加えるときにすでに小麦粉が混ざっているので、卵の水分が小麦粉に吸収されて分離しにくく、比較的つくりやすい製法です。ただし、シュガーバッター法ほど粉と卵の水分が結合しないので、焼きあがりは、粉っぽく、ほろほろ崩れるような食感の生地になります。

また、全卵ではなく、卵黄と泡立てた卵白を混ぜ込む別立て法で生地を仕込むと、バターに含まれた気泡と、メレンゲの気泡によって、生地はふっくらと軽い食感に仕上がります。チョコレートやナッツなどの油脂分の多い生地にメレンゲを加えると、重厚感のある味わいと軽い食感を両立させることができます。

多様化するケークのスタイル

近年では、ケークの形にずいぶん変化が出てきました。同じパウンドケーキ型でもサイズは多様で、細身のタイプから、どっしりとしたものまでさまざま。形やサイズが違うと、見た目の印象ががらりと変わります。また、形やサイズが変われば、火の入り具合や、表面と中の生地の食感のバランスも変わり、同じ生地でも口あたりや味わいが違って感じられます。スリムな型で焼いたケークは、断面積が小さいので、表面のこんがり焼けた部分と中のふんわりとした部分をひと口で味わうことができます。逆に、ふっくら、しっとりした食感を主役にするなら、高さのある大きめの型で焼くとよいでしょう。

また、ケーク＝パウンドケーキ型が一般的ですが、最近ではパウンドケーキ型以外の型で焼いた"型にはまらない"ケークも、多く見かけるようになりました。焼きっぱなしの素朴なタイプではなく、フルーツをふんだんにのせたフレッシュ感あふれるケークや、異なる複数の生地を重ねたもの、生地の間にガナッシュやジャムを挟んだものなど、アイデアあふれる新スタイルのケークも登場。バラエティ豊かなケークが話題を集めています。

卵やチーズの入った甘くない生地に、野菜や魚介、ベーコンなどを混ぜ込んでパウンドケーキ型で焼いた食事向きのケーク「ケーク サレ」も注目株です。今やパティスリーやカフェの人気アイテムとして、認知度を高めています。

ケーク53品の断面を拝見

しっかりと焼き色がついた外観とは裏腹に、ナイフを入れるとカラフルな生地が顔を出す。色とりどりのフルーツ、チョコチップのドット、ジャムやチョコレートのマーブル模様、2〜3種類の生地を重ねたケークなど、断面からも個性がうかがえます。

ケーク シュクレ

ケーク オランジュ
パティスリー ユウ ササゲ　P.14

ウィークエンド スリーズ
パティスリー・ドゥ・シェフ・フジウ　P.16

ウィークエンド アナナ
パティスリー・ドゥ・シェフ・フジウ　P.17

ケーク ミエル シトロン
ノリエット　P.20

ケーク オ テ シトロン
メゾン・ド・プティ・フール　P.21

ケーク シトロン
アカシエ　P.24

レモンポピーシードケーキ
エイミーズ・ベイクショップ　P.25

ケーク アングレーズ
ノリエット　P.28

ケーク オ フリュイ
アカシエ　P.29

ケーク オ フリュイ パティスリー ユウ ササゲ　P.32	プランタニエ 苺のケーク NOAKE TOKYO（ノアケ トウキョウ）　P.44	ズッキーニパンプキンケーキ エイミーズ・ベイクショップ　P.54
ラムフルーツケーキ エイミーズ・ベイクショップ　P.33	シシリエンヌ メゾン・ド・プティ・フール　P.45	ウィークエンド 黒ごま黒豆 パティスリー・ドゥ・シェフ・フジウ　P.56
フリュイ オ ザマンド パティスリー・ドゥ・シェフ・フジウ　P.36	バナナブレッド エイミーズ・ベイクショップ　P.48	小豆ともち粉 NOAKE TOKYO（ノアケ トウキョウ）　P.58
テリーヌ ド フリュイ メゾン・ド・プティ・フール　P.38	ケイク フュメ フィグ エ ノワ リベルターブル　P.50	マーブル ショコラ アカシエ　P.60
ストロベリーパウンドケーキ NOAKE TOKYO（ノアケ トウキョウ）　P.42	キャロットケーキ エイミーズ・ベイクショップ　P.52	ウィークエンド ショコラ パティスリー・ドゥ・シェフ・フジウ　P.62

ショコラ ドゥーブル ノリエット　P.63	アーモンドチョコレートケーキ エイミーズ・ベイクショップ　P.74	ケーク カフェ ノワ メゾン・ド・プティ・フール　P.83
ショコラ オランジュ メゾン・ド・プティ・フール　P.66	ケイク ショコラ フロマージュ ブルー リベルターブル　P.75	テリーヌ ドートンヌ メゾン・ド・プティ・フール　P.86
バナーヌ ショコラ キュイ パティスリー ユウ ササゲ　P.67	ケーク オ キャラメル パティスリー ユウ ササゲ　P.78	ケーク パルファン パティスリー ユウ ササゲ　P.88
ケーク ショコラ フィグ オランジュ アカシエ　P.70	キャトル キャール ブルトン アカシエ　P.79	ケイク "ショート" リベルターブル　P.90
ケーク ショコラ フィグ ダプリコ パティスリー ユウ ササゲ　P.71	ケーク マロン ノリエット　P.82	ケイク エコセ オ トリュフ ノワール リベルターブル　P.92

抹茶のケーキ
NOAKE TOKYO（ノアケ トウキョウ）　P.96

ケーク サレ キュリー
ノリエット　P.110

エスカルゴとバジルのケーク サレ
カフェ・ド・ヴェルサイユ　P.120

キャラメルポム
NOAKE TOKYO（ノアケ トウキョウ）　P.98

ケイク オ レギューム
リベルターブル　P.112

小海老と春野菜のケーク サレ
カフェ・ド・ヴェルサイユ　P.122

ケーク サレ

野菜とベーコンのケーク サレ
quiche quiche（キシュ キシュ）　P.114

ドライフルーツとミモレットのケーク サレ
カフェ・ド・ヴェルサイユ　P.123

ケーク サレ
パティスリー・ドゥ・シェフ・フジウ　P.106

イカ＆桜エビのケーク サレ
quiche quiche（キシュ キシュ）　P.116

ソーセージと野菜のケーク サレ
quiche quiche（キシュ キシュ）　P.126

ケーク サレ
ノリエット　P.108

コック オー ヴァンのケーク サレ
カフェ・ド・ヴェルサイユ　P.118

野菜と挽き肉のケーク サレ（カレー風味）
quiche quiche（キシュ キシュ）　P.127

ケークづくりをはじめる前に

- 生地やアパレイユ、シロップなどの名称は、取材店の呼称に準じています。
- 小さじ1は5cc、大さじ1は15cc、1カップは200ccを表わします。
- ミキサーの撹拌時間や撹拌速度は、機種や容量によって異なります。あくまで生地の状態を目安に判断してください。
- オーブンの温度設定に「上火」「下火」の表記がある場合は、平窯(デッキオーブン)を使っています。表記がない場合は、コンベクションオーブンを使っています。
- オーブンの温度設定や焼く時間は、使うオーブンのタイプや庫内の容量によって変わることもあります。
- 材料欄にある＊印の副材料のつくり方は、おもにつくりやすい分量を紹介しています。
- とくに記述のない場合、常温の目安は20～25℃です。
- 本書掲載のケークとお店の情報は、2014年8月時点のものです。

ケーク シュクレ

「シュクレ」はフランス語で「甘い」という意味。ここではオレンジやレモン、イチジクなどを加えたフルーツ系から、ナッツ入り、チョコレートやキャラメルフレーバー、スパイスをきかせたものまで41品の甘味系ケークを紹介。焼き菓子とは思えない華やかなデコレーションにも注目！

CAKES SUCRÉS

ケーク オランジュ

パティスリー ユウ ササゲ

一見、ふつうのオレンジパウンドケーキだが、
口に含むと、アーモンドのこく、オレンジの香りが豊かに広がる、
パン・ド・ジェーヌのような、しっとり、なめらかな口溶けのケーキ。
オレンジジュースとリキュールを合わせたシロップをたっぷり打ち、
柑橘のみずみずしい香りをぎゅっとしみ込ませて、より深い味わいに。

材料（17cm×5cm×高さ6cmの型20台分）

パート・ダマンド・クリュ　1420g
オレンジの皮　4個分
グラニュー糖　372g
全卵　1180g
薄力粉　664g
ベーキングパウダー　23.6g
無塩バター　342g
生クリーム（乳脂肪分35%）　140g
水アメ　72g
オレンジコンフィ（5mm角）　616g

仕上げ用
オレンジシロップ*1　560g
アプリコットジャム*2　適量
オレンジスライスコンフィ　40枚

*1 オレンジシロップのつくり方
オレンジジュース240g、ボーメ30°のシロップ200g、ソミュールトリプルセック120gを混ぜ合わせる（ボーメ30°のシロップは、水100gにグラニュー糖135gを加えて沸騰させる）。

*2 アプリコットジャムのつくり方
鍋にアプリコットジャムと水各適量を入れて加熱し、ぬりやすい濃度になるまで煮詰める。

下準備
・オレンジの皮をすりおろし、グラニュー糖と合わせて混ぜておく。
・全卵は常温にもどしておく。
・薄力粉、ベーキングパウダーは合わせてふるっておく。
・無塩バター、生クリーム、水アメを合わせて電子レンジで35℃に温め、混ぜておく。
・型ぬり用バター（分量外。無塩バター9：強力粉1の割合で合わせたもの）を型にぬり、強力粉（分量外）をふって余分な粉を落としておく。
・オーブンを165℃に予熱しておく。

1. 電子レンジで人肌に温めたパート・ダマンド・クリュをミキサーボウルに入れ、ホイッパーで、低速でやわらかくなるまでほぐす。
2. オレンジの皮を混ぜたグラニュー糖を加え、低速ですり混ぜる。
3. ときほぐした全卵を数回に分けて②に加え、そのつどなめらかになるまで中速で撹拌する。最後に高速で白っぽくなるまで泡立てる。
4. 薄力粉、ベーキングパウダーを加えて、低速で、粉けがなくなるまで混ぜる。
5. 35℃に温めた無塩バター、生クリーム、水アメを加えて、なめらかになるまで混ぜる。
6. オレンジコンフィを加え、低速で全体になじむまで混ぜる。
7. ミキサーからボウルをはずし、ヘラで底から返すようにして均一に混ぜる。
8. 準備した型に生地を240gずつ流す。型の底を手で軽くたたいて生地をならす。
9. 上火165℃・下火165℃のオーブンで約50分間焼成する。
10. 焼きあがったらすぐに型をはずし、網にのせて粗熱をとる。
11. オレンジシロップを28gずつ、上面と側面に打つ。
12. 上面にアプリコットジャムをぬる。2分の1にカットしたオレンジスライスコンフィを4枚ずつ飾り、アプリコットジャムをぬってつやを出す。

Point
*パート・ダマンド・クリュにグラニュー糖をすり混ぜ、全卵を加えてのばしていく、シュガーバター法に近い手法。材料の温度が低いと混ざりにくく、分離の原因になるため、パート・ダマンド・クリュは人肌に温め、常温にもどした全卵を少しずつ加え混ぜる。

ウィークエンド スリーズ
パティスリー・ドゥ・シェフ・フジウ

ウィークエンド アナナ
パティスリー・ドゥ・シェフ・フジウ

ウィークエンド スリーズ

パティスリー・ドゥ・シェフ・フジウ

ラム酒に漬け込み、深みのある香りと味をまとわせた
ビガローチェリーは、洗練された味わい。
深紅に輝く果肉の風味を吸ったしっとり、なめらかな生地が
口の中で、ふんわり、心地よく溶けていく。

材料（10cm×6cm×高さ8cmの型10台分）

- 無塩バター　470g
- 自家製タン・プール・タン*　960g
- 全卵　100g
- 卵黄　170g
- 卵白　300g
- グラニュー糖　110g
- ビガローチェリーのシロップ漬け　500g
- ビガローチェリーの漬け汁　70g
- 薄力粉　165g
- 強力粉　165g
- キルシュ酒　100g

*自家製タン・プール・タンは、アーモンドパウダーと粉糖各480gを混ぜ合わせたもので代用できる。

下準備

- 無塩バターは常温にもどしておく。
- 全卵と卵黄は混ぜておく。
- ビガローチェリーはシロップをきり、ラム酒（分量外）に1ヵ月以上漬けておく。
- 薄力粉、強力粉は合わせてふるっておく。
- 型にベーキングシートを敷いておく。
- オーブンを180℃に予熱しておく。

1. ミキサーボウルに無塩バターを入れ、低速で混ぜてポマード状にし、タン・プール・タンを加えて混ぜる。
2. ミキサーを中速にして、混ぜておいた全卵と卵黄を4回に分けて加え混ぜる。3回めに入れた全卵と卵黄が大体混ざったら、一度ミキサーを止め、ボウルの側面についた生地をヘラではらう。ふたたびミキサーを回し、残りの全卵と卵黄を加えて混ぜる。
3. 別のミキサーボウルに卵白を入れ、高速で混ぜる。全体が白っぽくなってきたら中速に落とし、グラニュー糖を少量ずつ加え、角がピンと立つまでしっかり泡立てる。
4. ②のボウルをミキサーからはずし、汁けをきったビガローチェリーとその漬け汁を加え、ヘラで底から返すようにしてさっくりと混ぜる。
5. ③のメレンゲの半量と、薄力粉と強力粉の半量を加えてヘラでさっくり混ぜる。
6. メレンゲがまだ混ざりきらないうちに、残りのメレンゲと薄力粉、強力粉を加え、底から返すようにして混ぜて、なめらかでつやのある状態にする。
7. 口径17mmの丸口金をつけた絞り袋に生地を入れ、準備した型に280gずつ絞る。
8. 上火180℃・下火180℃のオーブンで約45分間焼成する。途中で天板の前後を入れ替える。
9. 焼きあがったら、熱いうちにキルシュ酒を刷毛で上面に打つ。型をはずし、紙をつけた状態で粗熱をとる。

Point

* ビガローチェリーは1ヵ月以上ラム酒に漬けて風味づけする。好みにより、ラム酒の代わりにキルシュ酒を使用してもよい。
* 目の詰まった生地に仕上げるため、バターをポマード状にするときや生地を混ぜるときは、余分な空気を入れないように気をつける。
* 卵白はある程度泡立ててから砂糖を加え、空気を充分に含んだメレンゲをつくる。

ウィークエンド アナナ

パティスリー・ドゥ・シェフ・フジウ

トロピカルな甘さと軽やかな酸味、しゃきしゃきとした心地よい食感を
そのままとじ込めたパイナップルの砂糖漬けが、味わいの決め手。
バターや卵を極力泡立てずに、しっかりとした食感に仕上げた生地が
パイナップルの甘酸っぱさを包み込んでいる。

材料（10cm×6cm×高さ8cmの型10台分）
- 無塩バター　470g
- 自家製タン・プール・タン＊　960g
- 全卵　100g
- 卵黄　170g
- 卵白　300g
- グラニュー糖　110g
- パイナップルの砂糖漬け　350g
- 薄力粉　165g
- 強力粉　165g
- キルシュ酒　100g

＊自家製タン・プール・タンは、アーモンドパウダーと粉糖各480gを混ぜ合わせたもので代用できる。

下準備
- 無塩バターは常温にもどしておく。
- 全卵と卵黄は混ぜておく。
- パイナップルの砂糖漬けは1cm角にカットしておく。
- 薄力粉、強力粉は合わせてふるっておく。
- 型にベーキングシートを敷いておく。
- オーブンを180℃に予熱しておく。

1. ミキサーボウルに無塩バターを入れ、低速で混ぜてポマード状にし、タン・プール・タンを加えて混ぜる。
2. ミキサーを中速にして、混ぜておいた全卵と卵黄を4回に分けて加え混ぜる。3回めに入れた全卵と卵黄が大体混ざったら、一度ミキサーを止め、ボウルの側面についた生地をヘラではらう。ふたたびミキサーを回し、残りの全卵と卵黄を加えて混ぜる。
3. 別のミキサーボウルに卵白を入れ、高速で混ぜる。全体が白っぽくなってきたら中速に落とし、グラニュー糖を少量ずつ加え、角がピンと立つまでしっかり泡立てる。
4. ②のボウルをミキサーからはずし、パイナップルの砂糖漬けを加え、ヘラで底から返すようにしてさっくりと混ぜる。
5. ③のメレンゲの半量と、薄力粉と強力粉の半量を加えてヘラでさっくり混ぜる。
6. メレンゲがまだ混ざりきらないうちに、残りのメレンゲと薄力粉、強力粉を加え、底から返すようにして混ぜて、なめらかでつやのある状態にする。
7. 口径17mmの丸口金をつけた絞り袋に生地を入れ、準備した型に260gずつ絞る。
8. 上火180℃・下火180℃のオーブンで約45分間焼成する。途中で天板の前後を入れ替える。
9. 焼きあがったら、熱いうちにキルシュ酒を刷毛で上面に打つ。型からはずし、紙をつけた状態で粗熱をとる。

> *Point*
> ＊目の詰まった生地に仕上げるため、バターをポマード状にするときや生地を混ぜるときは、余分な空気を入れないように気をつける。
> ＊卵白はある程度泡立ててから砂糖を加え、空気を充分に含んだメレンゲをつくる。
> ＊生地の分量が多いので、混ざりやすくするために、粉とメレンゲは半量ずつ交互に加える。分量が今回の半量程度の場合は粉とメレンゲを一度に加えてOK。混ぜる回数が少ないほうが、生地をこねすぎて食感が固くなる失敗を防げる。

ケーク ミエル シトロン
ノリエット

ケーク オ シトロン
メゾン ド プティ フール

ケーク ミエル シトロン

ノリエット

フランス産の百花蜜を生地に加えたウィークエンドは、
しっとり、軽やかな口あたり。
レモンの酸味とバターのこく、ハチミツの風味が重なり合い、
ヨーグルトを思わせる味わいが印象的。

材料(18cm×7.5cm×高さ5.5cmの型5台分)

- 全卵　550g
- グラニュー糖　270g
- ハチミツ　100g
- 薄力粉　205g
- 中力粉(フランス産小麦粉)　205g
- レモンゼスト　5g
- レモン果汁　60g
- 無塩バター　450g

仕上げ用

- アプリコットジャム*1　適量
- グラス・ア・ロー*2　適量
- レモンピール　適量
- ピスタチオ　適量

*1 アプリコットジャムのつくり方
1　グラニュー糖350gにペクチン10gをよく混ぜ合わせる。
2　アプリコットピュレ460gを鍋に入れて火にかける。
3　②が沸騰したら①を加えて混ぜ、糖度68°まで煮詰める。

*2 グラス・ア・ローのつくり方
適量の粉糖に水を少量ずつ加えて混ぜ、刷毛でぬれる固さにする。

下準備

- 全卵は常温にもどしておく。
- 薄力粉、中力粉は合わせてふるっておく。
- 無塩バターは溶かして45℃程度に調整しておく。
- 型に溶かしバター(無塩バター。分量外)をぬっておく。
- オーブンを180℃に予熱しておく。

1　ときほぐした全卵にグラニュー糖とハチミツを加えて人肌に温め、泡立て器で白くもったりするまで泡立てる。
2　薄力粉、中力粉を加え、ヘラで底から返すようにして混ぜる。
3　粉けが残っているうちにレモンゼストとレモン果汁を加え、全体がなじむまで混ぜる。途中、溶かしバターも加える。
4　準備した型に生地を流し、作業台に型の底を軽く打ちつけてならす。
5　上火180℃・下火180℃のオーブンで約30分間焼成する。
6　焼きあがったら、熱いうちに型をはずして底面を上にして置き、粗熱をとる。
7　上面と側面にアプリコットジャムを薄くぬって乾かし、グラス・ア・ローを均一にぬる。
8　上面にレモンピールと半割にしたピスタチオを飾る。
9　180℃のオーブンに1分間ほど入れて、グラス・ア・ローを乾燥させる。

Point

*口溶けのよい生地に仕上げるため、ほろほろと崩れるような食感を表現できるフランス産小麦粉を粉全体の50%配合する。
*全卵と糖類は直火または湯煎で人肌に温めてから、白くもったりするまで泡立てる。
*粉を加えたあとは、気泡をつぶさないように、底から生地をヘラですくい上げては返すようにして混ぜる。

ケーク オ テ シトロン

メゾン・ド・プティ・フール

空気を極力入れずに、しっかりとした食感に仕上げた
生地の中には、きゅんと酸っぱいレモンコンフィがぎっしり。
噛むほどに、さわやかな酸味が弾け、
レモンと紅茶の香りが、ふんわりと広がる。

材料（14.5cm×7cm×高さ6.5cmの型2台分）
- 無塩バター　138g
- グラニュー糖　110g
- 転化糖　13g
- 全卵　109g
- 薄力粉　119g
- ベーキングパウダー　2.3g
- 紅茶粉末（アールグレイ）　2.3g
- レモンコンフィ（3mm角）　165g
- レモンピール　適量
- リモンチェッロ　適量

下準備
- 無塩バターは常温にもどしておく。
- 全卵は常温にもどしておく。
- 薄力粉、ベーキングパウダー、紅茶粉末は合わせてふるっておく。
- 型にベーキングシートを敷いておく。
- オーブンを170℃に予熱しておく。

1. ボウルに無塩バターを入れ、ポマード状になるまで泡立て器で混ぜる。
2. ①にグラニュー糖と転化糖を加え、なめらかになるまですり混ぜる。
3. ときほぐした全卵を3～4回に分けて②に加え混ぜ、そのつど泡立て器でムラなく混ぜる。
4. 薄力粉、ベーキングパウダー、紅茶粉末を加え、底から返すようにして混ぜる。
5. 粉けが残っているうちにレモンコンフィを加え、底から返すようにして混ぜ、なめらかな状態にする。
6. 生地を口金をつけた絞り袋に入れ、準備した型に320gずつ絞る。型の底を作業台に軽く打ちつけてならす。
7. 上火170℃・下火170℃のオーブンで約55分間焼成する。
8. いったんとり出してレモンピールを上面にのせ、さらに5分間焼成する。
9. 焼きあがったらすぐに型と紙をはずし、熱いうちにリモンチェッロを刷毛で上面と側面に打つ。網にのせて冷ます。

Point

*生地に余分な空気が入らないように、材料を混ぜるときは泡立て器ですり混ぜるようにする。目の詰まった、「噛んでうまみを味わう生地」に仕上げる。

*バターが固いと生地が分離しやすく、空気を含みやすくなるので、バターをやわらかなポマード状にしてからグラニュー糖を加える。

ケーク シトロン

アカシエ

レモンポピーシードケーキ
エイミーズ・ベイクショップ

ケーク シトロン

アカシエ

4同割の生地にレモンの皮とチョコレートチップを加えて焼成。
焼きたての熱いうちに、レモン果汁入りのシロップをたっぷりしみ込ませて、
きゅんと酸っぱさがきわだつ、印象的な味わいに仕立てた。
レモンの酸味と香り、チョコレートチップの甘みと苦みが一体となって
ひと口ごとに味覚を刺激する、エッジのきいた大人のケーク。

材料（17.7cm×5.5cm×高さ5cmの型4台分）
- 無塩バターA　245g
- 全卵　245g
- グラニュー糖　245g
- 薄力粉　245g
- ベーキングパウダー　2g
- レモンゼスト　8g
- チョコレートチップ　130g
- 無塩バターB　適量
- レモンシロップ*1　適量

仕上げ用
- アプリコット風味のナパージュ*2　適量
- レモンコンフィ　適量
- チョコレートチップ　適量

*1 レモンシロップのつくり方
レモン果汁100g、水50g、グラニュー糖21g、レモンゼスト2gを鍋に入れて沸騰させ、流す。ラム酒4gを加える。

*2 アプリコット風味のナパージュのつくり方
1 鍋にアプリコットピュレ450g、グラニュー糖350g、ペクチン20gを入れて沸騰させる。
2 別の鍋にナパージュヌートル（加熱タイプ）800gと水適量を加えて沸騰させる。
3 ①と②を合わせて加熱し、沸騰したら火を止める。

下準備
- 無塩バターA、Bは常温にもどしておく。
- 全卵は常温にもどしておく。
- 薄力粉、ベーキングパウダーは合わせてふるっておく。
- 型にベーキングシートを敷いておく。
- オーブンを165℃に予熱しておく。

1　ボウルに無塩バターAを入れて泡立て器で混ぜ、ポマード状にする。
2　ときほぐした全卵にグラニュー糖を加えて混ぜ、湯煎にかけて30℃に温める。
3　②を4～5回に分けて①に加える。
　　1回加えるごとになめらかな状態になるまでヘラで混ぜる。
4　薄力粉とベーキングパウダーを加え、
　　粉けがなくなるまで底から返すようにしてヘラで混ぜる。
5　レモンゼストとチョコレートチップを加えて均一に混ぜる。
6　準備した型に生地を260gずつ流す。
7　焼成後にきれいな割れ目ができるように、
　　コルネにポマード状にした無塩バターBを入れ、生地の中央に1本細く絞る。
8　上火165℃・下火165℃のオーブンで約45分間焼成する。
9　焼きあがったらすぐに型と紙をはずし、レモンシロップを刷毛で全面に打つ。
　　網にのせて冷ます。
10　アプリコット風味のナパージュをぬり、
　　乾く前にレモンコンフィとチョコレートチップを飾る。

Point
* レモンのさわやかな酸味と香りがポイントの菓子なので、レモンジュースではなく、搾りたてのレモン果汁を使用する。
* 乳化しやすいようにバターはポマード状にする。
* 適度に歯ごたえのある生地に仕上げるため、空気が入りすぎないようにヘラで混ぜる。
* きれいな割れ目をつくるため、生地の上面に無塩バターを細く絞って焼成する。

レモンポピーシードケーキ

エイミーズ・ベイクショップ

レモンの香りとブルーポピーシードの食感が魅力的な、
日本でもおなじみのアメリカンタイプのケーキ。
2種類の油脂を使用することでしっとり感を出し、
クリームチーズを絞り入れて
味わいと食感にアクセントをつけている。

材料（18cm×8cm×高さ8cmの型4台分）

- 無塩バター　340g
- サラダオイル　55g
- グラニュー糖　600g
- 全卵　6個
- A
  - 中力粉　720g
  - ベーキングパウダー　小さじ2/3
  - 重曹　小さじ2/3
  - 塩　ひとつまみ
- バターミルク*1　420g
- レモン果汁　180g
- ブルーポピーシード　85g
- チーズクリーム*2　約400g

*1 バターミルクは、牛乳210g、プレーンヨーグルト210gを混ぜ合わせたもので代用できる。

*2 チーズクリームのつくり方
クリームチーズ300g、グラニュー糖60g、生クリーム20g、卵黄1個分をヘラで混ぜ合わせてなめらかなクリーム状にする。

下準備
- 無塩バターは常温にもどしておく。
- 全卵は常温にもどしておく。
- 材料Aは合わせてふるっておく。
- チーズクリームは丸口金をつけた絞り袋に入れておく。
- 型に無塩バターをぬり、中力粉をふって余分な粉を落としておく（ともに分量外）。
- オーブンを180℃に予熱しておく。

1. ボウルに無塩バター、サラダオイルを入れてほぐし、グラニュー糖を加え、ハンドミキサーの中速で軽く混ぜる。
2. 全卵を加え、低速で混ぜてしっかりと乳化させる。
3. Aの半量を加え、ヘラで混ぜる。
4. 粉けの残る状態で、バターミルクを加え、全体を混ぜる。
5. Aの残りを加え、つやが出るまでしっかりと混ぜ合わせる。
6. レモン果汁、ブルーポピーシードを加え、ハンドミキサーの低速で混ぜる。全体に均一に混ざったら終了。
7. ⑥の生地の1/5量を準備した4台の型に均等に流し、それぞれにチーズクリームを絞り袋で2本直線に絞る。残りの生地を均等に流し、表面を平らにならす。
8. 180℃のオーブンで約48分間焼成する。
9. 焼きあがったらすぐに型をはずし、網にのせて冷ます。

Point

*バターにサラダオイルを混ぜることで、生地がよりしっとりと仕上がる。
*油脂とグラニュー糖を撹拌する段階で空気を入れすぎてしまうと、あとで加えるバターミルクやレモン果汁などの水分の重量に生地が負けてだれるので注意。
*後半の工程で多めの水分を加えるイレギュラーな手法だが、できるだけ手早く混ぜてマットで粗めな質感に仕上げる。混ぜすぎると生地がだれて、膨らみが悪くなる。

ケーク アングレーズ
ノリエット

ケーク・オ・フリュイ

アカシエ

ケーク アングレーズ

ノリエット

ラム酒に漬け込んだレーズンやプルーン、アプリコットを
たっぷり生地に練り込んだ伝統的なフランス菓子。
熟成が進むほどにドライフルーツの甘い香りとこくが
生地全体にしみわたり、濃厚かつまろやかな味わいに。

材料（16.5cm×8cm×高さ6cmの型5台分）
- 無塩発酵バター　500g
- グラニュー糖　400g
- 全卵　450g
- 薄力粉　450g
- ベーキングパウダー　14g
- ミックスフルーツ　160g
- ドレンチェリー　65g
- レーズンのラム酒漬け*　230g
- アプリコットのラム酒漬け*　130g
- プルーンのラム酒漬け*　130g
- ラム酒　40g

仕上げ用
- アプリコットのラム酒漬け*　適量
- プルーンのラム酒漬け*　適量
- ドレンチェリー　適量
- ラム酒　適量

＊ドライフルーツのラム酒漬けのつくり方
レーズン、アプリコット、プルーンはそれぞれぬるま湯でさっと洗って水けをとり、別々の器に入れてラム酒（分量外）をひたひたまで注ぐ。ラム酒が減ったらそのつど注ぎ足しながら、3日以上漬け込んでおく。

下準備
- 無塩発酵バターは常温にもどしておく。
- 全卵は常温にもどしておく。
- 薄力粉、ベーキングパウダーは合わせてふるっておく。
- 型にベーキングシートを敷いておく。
- オーブンを180℃に予熱しておく。

1. 無塩発酵バターをボウルに入れ、泡立て器で混ぜてポマード状にする。
2. ①にグラニュー糖を加えてよく混ぜる。
3. ときほぐした全卵を4～5回に分けて加え混ぜる。1回入れるごとによく混ぜ、白っぽくなってから次を加える。
4. 薄力粉とベーキングパウダーを加え、粉けがなくなるまで混ぜる。
5. ④にミックスフルーツ、ドレンチェリー、汁けをきったレーズンのラム酒漬け、アプリコットのラム酒漬け、プルーンのラム酒漬け、ラム酒を加えて全体がなじむまで混ぜる。
6. 準備した型に⑤を均等に流し入れ、作業台に型の底を軽く打ちつけて生地をならす。生地の中心部をヘラで少しへこませる。
7. 冷蔵庫で1時間ほどやすませる。
8. 上火180℃・下火180℃のオーブンで約40分間焼成する。
9. 仕上げ用のアプリコットのラム酒漬け、プルーンのラム酒漬け、ドレンチェリーをのせ、さらに20分間焼く。
10. 焼きあがったら、熱いうちにラム酒を刷毛で上面にぬる。型をはずし、紙をつけたまま網にのせて冷ます。

Point

＊ドライフルーツをぬるま湯で洗う際、長く湯にあてると水分を吸ってしまうので、さっと洗う程度にする。
＊小麦粉の分量が多く膨らみやすい生地をきれいに焼きあげるため、型に流した生地の中心部をへこませ、両側を少し高くする。
＊フルーツの水分を生地になじませるため、冷蔵庫で約1時間やすませてから焼成する。

ケーク オ フリュイ

アカシエ

アマレナチェリーの甘い香りとほのかな酸味、
ラム酒漬けのドライフルーツの濃厚なうまみがじんわり広がる
定番のケーク。小麦粉を多めに配合したずっしりとした生地に
転化糖を少量加えて、しっとり、なめらかな口あたりに。

材料（17.7cm×5.5cm×高さ5cmの型4台分）

- 無塩発酵バター　220g
- グラニュー糖　187g
- 全卵　198g
- 転化糖　25g
- 中力粉（フランス産小麦粉）　258g
- ベーキングパウダー　8g
- ミックスドライフルーツ　196g
- セミドライアプリコット　73g
- アマレナチェリー　73g
- ミックスドライフルーツのラム酒漬け*1　73g
- サルタナレーズンのラム酒漬け*2　196g
- 無塩バター　適量

仕上げ用
- ラム酒　適量
- コンフィチュール・アブリコ*3　適量
- セミドライイチジク　適量
- セミドライアプリコット　適量
- オレンジスライスコンフィ　適量
- サルタナレーズンのラム酒漬け*2　適量
- ピスタチオ　適量

*1 ミックスドライフルーツのラム酒漬けのつくり方
ラム酒240g、ボーメ30°のシロップ240gを合わせて、ミックスドライフルーツ900gを1週間以上漬け込む（ボーメ30°のシロップは、水100gにグラニュー糖135gを加えて沸騰させる）。

*2 サルタナレーズンのラム酒漬けのつくり方
ラム酒240g、ボーメ30°のシロップ240gを合わせて、サルタナレーズン900gを1週間以上漬け込む。

*3 コンフィチュール・アブリコのつくり方
1 グラニュー糖を175g用意し、少量をとり分けてペクチン10gを混ぜておく。
2 アプリコットピュレ225gと残りのグラニュー糖を鍋に入れて50℃に温める。
3 ②に①を加えて混ぜ、沸騰したらレモン果汁適量を加える。糖度62°まで煮詰める。

下準備
- 無塩発酵バター、無塩バターは常温にもどしておく。
- 全卵は常温にもどしておく。
- 中力粉、ベーキングパウダーは合わせてふるっておく。
- ラム酒漬けのドライフルーツは汁けをきっておく。
- 型にベーキングシートを敷いておく。
- オーブンを165℃に予熱しておく。

作り方

1. ポマード状にした無塩発酵バターに、グラニュー糖を加え、泡立て器ですり混ぜる。
2. ときほぐした全卵に転化糖を加えて湯煎にかけ、30℃に温めて、4〜5回に分けて①に加え混ぜる。
3. 中力粉とベーキングパウダーを加え、粉けがなくなるまでヘラで底から返すようにして混ぜる。
4. フルーツ類を加え、ヘラで均一に混ぜる。
5. 準備した型に生地を280gずつ絞る。
6. 焼成後にきれいな割れ目ができるように、コルネにポマード状にした無塩バターを入れ、生地の中央に1本細く絞る。
7. 上火165℃・下火165℃のオーブンで約45分間焼成する。
8. 焼きあがったらすぐに型と紙をはずし、ラム酒を刷毛で全面に打つ。網にのせて冷ます。
9. コンフィチュール・アブリコを上面と側面に刷毛でぬる。
10. フルーツ類やピスタチオを飾り、それらの上にもコンフィチュール・アブリコをぬる。

Point
*味わいに奥行きを出すため、フランスでよく使われるドレンチェリーの代わりにアマレナチェリーを使用。
*ミックスドライフルーツは、ラム酒風味の「ミックスフルーツD」（うめはら）、色合いの明るい「ミックスフルーツサラダ」（アグリモンタナ）を合わせて使用。ミックスドライフルーツのラム酒漬けには「ミックスフルーツサラダ」を使用。

ケーク オ フリュイ

パティスリー ユウ ササゲ

ラムフルーツケーキ
エイミーズ・ベイクショップ

ケーク オ フリュイ

パティスリー ユウ ササゲ

修業時代にアンドレ・ルコント氏から教わった、思い出深いルセットを継承。
1ヵ月以上ラム酒に漬け込んだミックスドライフルーツのまろやかなこくと香りが
どっしりとした生地にしみわたり、芳醇なうまみを醸し出す。
3色のドレンチェリーとプルーンをしのばせるのが、フランス伝統のスタイル。

材料（17cm×5cm×高さ6cmの型14台分）

- 無塩バター 450g
- グラニュー糖 200g
- 全卵 450g
- 薄力粉 540g
- ベーキングパウダー 12g
- ハチミツ 75g
- ミンツ*1 1700g
- プラムコンポート*2 28個
- ドレンチェリー（赤、緑、黄色）各56粒
- ラム酒風味のシロップ*3 420g
- アプリコットジャム*4 適量

仕上げ用
プラムコンポート*2、イチジクコンポート*5、アプリコットコンポート*6、ドレンチェリー（赤）、グリーンレーズン 各適量

*1 ミンツのつくり方
適量のミックスドライフルーツにかぶるくらいのラム酒を注ぎ、ラム酒が減ったら継ぎ足しながら、1ヵ月以上漬け込む。

*2 プラムコンポートのつくり方
鍋に赤ワイン1800g、グラニュー糖1000g、シナモンスティック2本、レモンゼスト1個分、オレンジゼスト2個分を入れて加熱し、沸騰したらプルーン4000gを加えて、ひと煮立ちさせる。汁に浸けたまま冷ます。

*3 ラム酒風味のシロップのつくり方
ラム酒210gとボーメ30°のシロップ210gを混ぜる（ボーメ30°のシロップは、水100gにグラニュー糖135gを加えて沸騰させる）。

*4 アプリコットジャムのつくり方
鍋にアプリコットジャムと水各適量を入れて加熱し、ぬりやすい濃度になるまで煮詰める。

*5 イチジクコンポートのつくり方
鍋に赤ワイン1800g、グラニュー糖1000g、シナモンスティック2本、レモンゼスト1個分、オレンジゼスト2個分を入れて加熱し、沸騰したらドライイチジク4000gを加えて、ひと煮立ちさせる。汁に浸けたまま冷ます。

*6 アプリコットコンポートのつくり方
鍋に白ワイン1800g、グラニュー糖1000gを入れて加熱し、沸騰したらドライアプリコット4000gを加えて、ひと煮立ちさせる。汁に浸けたまま冷ます。

下準備
- 無塩バターは常温にもどしておく。
- 全卵は常温にもどしておく。
- 薄力粉、ベーキングパウダーは合わせてふるっておく。
- 型ぬり用バター（分量外。無塩バター9：強力粉1の割合で合わせたもの）を型にぬり、強力粉（分量外）をふって余分な粉を落としておく。
- オーブンを170℃に予熱しておく。

1. ポマード状にした無塩バターをミキサーボウルに入れ、グラニュー糖を加えて低速でなじむまで撹拌する。
2. ときほぐした全卵を数回に分けて①に加え、そのつどなじんでなめらかになるまで低速で撹拌する。
3. 薄力粉とベーキングパウダーを加えて低速で撹拌する。
4. ハチミツ、ミンツを加えて同様に撹拌する。
5. ミキサーからボウルをはずし、ヘラで底から返すようにして均一に混ぜる。
6. 準備した型に生地を120gずつ流し、型の底を手で軽くたたいてならす。
7. プラムコンポートを1台につき2個、生地中央に等間隔にのせる。赤、緑、黄色のドレンチェリーを4粒ずつ等間隔に並べる。
8. ⑦の上に生地を120gずつ流し、型の底を手で軽くたたいてならす。
9. 上火170℃・下火170℃のオーブンで約50分間焼成する。
10. 焼きあがったらすぐに型をはずし、網にのせて粗熱をとる。
11. ラム酒風味のシロップを1台につき30g、刷毛で上面と側面に打つ。
12. 上面にアプリコットジャムをぬる。仕上げ用のフルーツを飾り、上からアプリコットジャムをぬってつやを出す。

Point
- 乳化しやすくするため、無塩バターは22～25℃にもどし、泡立て器でポマード状にしておく。
- ミックスドライフルーツは1ヵ月以上ラム酒に漬け、角がとれたまろやかな味わいになってから使用する。
- 焼成直後はほろっとした食感の生地だが、フルーツの水分がなじむとしっとりする。熟成が進むと味わいがより濃厚になる。

ラムフルーツケーキ

エイミーズ・ベイクショップ

こくのあるネグリタラム酒に漬けた、7種類のフルーツを
生地にたっぷり加え、リング状のブント型で焼いたケーキ。
しっとりして密な生地に、ドライフルーツとラム酒が豊かに香る。
2週間ほどねかせて味わうと、より熟成感のある味が楽しめる。

材料（直径24cmのブント型2台分）

- 無塩バター　340g
- ブラウンシュガー　400g
- グラニュー糖　200g
- 全卵　9個
- バニラエキストラクト　小さじ3
- 中力粉　400g
- シナモンパウダー　小さじ4
- 塩　少量
- ドライフルーツのラム漬け*　2000g

*ドライフルーツのラム酒漬けのつくり方
レーズン24：カレンズ16：サルタナレーズン16：オレンジピール12：チェリー8：ドライクランベリー8：ドライイチジク5：ネグリタラム酒20の比率で合わせ、1週間以上漬け込む。

下準備

- 無塩バターは常温にもどしておく。
- 全卵は常温にもどしておく。
- 中力粉、シナモンパウダー、塩は合わせてふるっておく。
- 型に無塩バターを二度ぬりし、中力粉をふって余分な粉を落としておく（ともに分量外）。
- オーブンを160℃に予熱しておく。

1. ボウルに無塩バターを入れてほぐし、ブラウンシュガー、グラニュー糖を加える。ハンドミキサーの中速で白っぽくなるまで混ぜる。
2. 全卵、バニラエキストラクトを加え、ハンドミキサーの低速で混ぜてしっかりと乳化させる。
3. 中力粉、シナモンパウダー、塩を加え、中速でつやが出るまで混ぜる。
4. ドライフルーツのラム酒漬けを加え、ヘラで全体を均一に混ぜる。
5. 準備した2台の型に半量ずつ流し入れ、表面を平らにならす。
6. 160℃のオーブンで約60分間焼成する。
7. 焼きあがったらすぐに型をはずし、網にのせて冷ます。

Point

*このケーキは、生地にドライフルーツが入っているというよりは、ドライフルーツを生地でまとめているというイメージで、ドライフルーツを大胆に使っている。

*多めの卵をしっかりと乳化させ、ドライフルーツの重量をしっかり支えられるコシのある生地に仕上げる。

*焼成後は3日ほどねかせ、生地全体が落ち着いてからが食べごろ。

フリュイ オ ザマンド

パティスリー・ドゥ・シェフ・フジウ

さくさくとリズミカルにくだけるパート・シュクレ、
ドライフルーツとアーモンドの味わいが凝縮されたガルニチュール、
アクセントにクルミを加えた、軽やかな食感のジェノワーズ。
3つの要素を長方形のカードルの中にぎゅっととじ込めて焼きあげた1品。

材料（34cm×8cm×高さ5cmのカードル6台分）

パート・シュクレ
- 無塩バター　500g
- 塩　5g
- 粉糖　350g
- 全卵　165g
- アーモンドパウダー　150g
- 強力粉　800g

下準備
- 無塩バターは常温にもどしておく。
- 強力粉はふるっておく。
- オーブンを180℃に予熱しておく。

ガルニチュール
クレーム・ダマンド
（下記の分量でつくり、1100gを使用）
- 無塩バター　500g
- 粉糖　500g
- 全卵　275g
- アーモンドパウダー　500g
- 生クリーム（乳脂肪分35%）　125g
- ミックスドライフルーツ　1000g

パータ・ジェノワーズ
- 全卵　485g
- 卵黄　80g
- グラニュー糖　250g
- 強力粉　125g
- アーモンドパウダー　125g
- コーンスターチ　60g
- クルミ　75g
- 無塩バター　185g
- ラム酒　60g
- バニラオイル　3g

下準備
- 全卵と卵黄は混ぜておく。
- 強力粉、アーモンドパウダー、コーンスターチは合わせてふるっておく。
- クルミは粗みじん切りにしておく。
- 無塩バターを溶かして人肌に冷ましておく。
- ラム酒とバニラオイルを合わせておく。
- オーブンを180℃に予熱しておく。

Point
*パート・シュクレの空焼きは、焼き込みすぎると組み立てて焼成する際に焦げてしまうので、うっすら色づく程度にとどめる。
*パータ・ジェノワーズは、卵をいったん10分立てにしてから速度を落としてさらに泡立てて気泡が8〜9割程度に落ち着いたところで粉類を加える。こうすることにより、きめの細かいつぶれにくい気泡ができ、しっとりとした食感に仕上げることができる。

パート・シュクレ

1. ミキサーボウルに無塩バターを入れ、低速で混ぜてポマード状にする。塩と粉糖を加えて混ぜる。
2. ミキサーを中速にして、ときほぐした全卵を少量ずつ加え混ぜる。アーモンドパウダーを加えて混ぜる。
3. ミキサーからボウルをはずし、強力粉を加え、ヘラで底から返すようにして混ぜる。
4. ボウルの側面についた生地をはらい、全体が均一になるように混ぜてひとつにまとめる。
5. ④をビニール袋に入れ、平たくのばして冷蔵庫でひと晩やすませる。
6. ⑤をパイシーターで厚さ3mmの長方形にのばす。カードルよりひとまわり大きなサイズに切り分け、カードルで軽く押して浅い溝をつくる。冷蔵庫で1時間やすませる。
7. 生地をピケし、天板にのせる。生地の溝の上にカードルをのせ、上火180℃・下火180℃のオーブンで15分間空焼きする。

ガルニチュール

1. ガルニチュールのクレーム・ダマンドをつくる。ミキサーボウルに無塩バターを入れ、低速でポマード状にし、粉糖を加えて混ぜる。
2. ミキサーを中速にし、ときほぐした全卵を少しずつ加えながら混ぜる。アーモンドパウダーを加えて混ぜ、さらに生クリームを加えてなめらかになるまで混ぜる。
3. ②のクレーム・ダマンド1100gにミックスドライフルーツを混ぜる。
4. 空焼きしたパート・シュクレの粗熱がとれたら、カードルの中にガルニチュールを350gずつ絞り入れ、表面を平らにならす。

パータ・ジェノワーズ

1. ミキサーボウルにときほぐした全卵と卵黄、グラニュー糖を入れ、湯煎にかけて混ぜながら、人肌の温度に温める。
2. ミキサーの高速で①を撹拌し、全体が白っぽくなるまでしっかり泡立てる。中速に落として、きめ細かくなめらかな気泡をつくる。
3. ミキサーからボウルをはずして強力粉とアーモンドパウダーとコーンスターチ、クルミを加え、粉けがなくなるまでヘラで底から返すようにして混ぜる。
4. 溶かしバターとラム酒、バニラオイルを合わせる。これを③に少しずつ加えながらヘラで混ぜ、つやのあるなめらかな状態にする。
5. ガルニチュールの上に230gずつ生地を流す。
6. 上火180℃・下火150℃のオーブンで30分間焼成する。
7. 焼きあがったら、熱いうちにカードルと生地の間にナイフを入れ、カードルをはずす。余分なパート・シュクレをナイフで切りとる。

野菜のテリーヌのように、
美しい層をなすフルーツのケーク。
3種の生地の間にパート・フィロを
挟むことで生地が混ざるのを防ぎ、
それぞれの風味がきわだつ仕立てに。

テリーヌ ド フリュイ

メゾン・ド・プティ・フール

材料（23.5cm×7.5cm×高さ7cmのテリーヌ型2台分）

パート・ナチュール
無塩バター　180g
上白糖　144g
全卵　141g
薄力粉　107g
米粉　47g
ベーキングパウダー　3.2g

パート・エピス
無塩バター　90g
上白糖　72g
全卵　70g
薄力粉　54g
米粉　23g
ベーキングパウダー　1.5g
シナモンパウダー　1g
ナツメグパウダー　0.5g
クローヴパウダー　0.5g

パート・キャラメル・オランジュ
無塩バター　42g
上白糖　34g
全卵　33g
ソース・キャラメル＊　15g
薄力粉　25g
米粉　11g
ベーキングパウダー　0.5g
オレンジコンフィ（3mm角）　100g

＊ソース・キャラメルのつくり方
1　鍋にグラニュー糖135g、水アメ60gを入れて加熱し、キャラメル状にする。
2　別の鍋に生クリーム（乳脂肪分35%）142g、転化糖60g、バニラエキストラクト7gを入れて沸騰寸前まで加熱する。
3　①に②を加え、混ぜ合わせる。

組立て・仕上げ用
セミドライイチゴ　適量
セミドライプルーン　適量
パート・フィロ　6枚
ソミュールトリプルセック　適量

下準備
・無塩バターは常温にもどしておく。
・全卵は常温にもどしておく。
・パート・ナチュールとパート・キャラメル・オランジュは、それぞれ薄力粉、米粉、ベーキングパウダーを合わせてふるっておく。
・パート・エピスは、薄力粉、米粉、ベーキングパウダー、スパイス類を合わせてふるっておく。
・パート・フィロを型のサイズに合わせてカットしておく。
・型にベーキングシートを敷いておく。
・オーブンを170℃に予熱しておく。

パート・ナチュール

1　無塩バターを泡立て器で混ぜてポマード状にし、上白糖を加えてなめらかになるまですり混ぜる。

2　よくときほぐした全卵を3〜4回に分けて加え、そのつど泡立て器でムラなく混ぜる。このとき、余分な空気を入れないようにすり混ぜるようにする。

3　薄力粉、米粉、ベーキングパウダーを加え、泡立て器で底からすくっては返すようにして混ぜる。

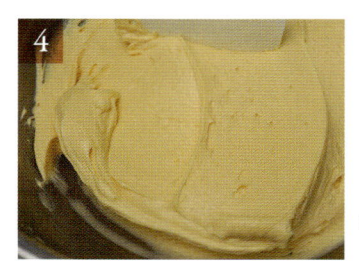

4　粉けがなくなり、なめらかになるまで混ぜる。

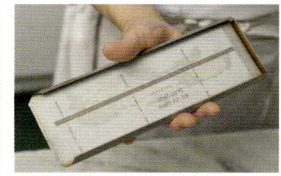

テリーヌ型は、内側とふたの裏に、あらかじめベーキングシートを敷いておく。ふたで生地の対流を抑えることにより、きれいな層を保つことができる。

ふたつきの型で焼きあげたテリーヌは、形のととのった直方体。焼成中は蒸し焼き状態となるため、通常のケーキよりもしっとりとした食感になる。

パート・エピス

1. 無塩バターを泡立て器で混ぜてポマード状にし、上白糖を加えてなめらかになるまですり混ぜる。

2. よくときほぐした全卵を3〜4回に分けて加え、そのつど泡立て器でムラなくすり混ぜる。

3. 薄力粉、米粉、ベーキングパウダー、スパイス類を加え、泡立て器で底からすくっては返すようにして混ぜる。

4. 粉けがなくなり、なめらかになるまで混ぜる。

Point
＊生地が対流してマーブル状になるのを防ぐため、3種類の生地の間にパート・フィロを挟む。
＊パート・フィロは乾燥しやすいので、ラップフィルムで包んでおき、使う枚数だけとり出す。
＊組み立て後ひと晩やすませると、フルーツのエキスがしみて生地が落ち着き、膨張しにくくなるため、層がきれいに仕上がる。

パート・キャラメル・オランジュ

1. 無塩バターを泡立て器で混ぜてポマード状にし、上白糖を加えてなめらかになるまですり混ぜる。

2. よくときほぐした全卵を3〜4回に分けて加え、そのつど泡立て器でムラなくすり混ぜる。

3. ソース・キャラメルを加え、なじむまで混ぜる。

4. 薄力粉、米粉、ベーキングパウダーを加え、泡立て器で底からすくっては返すようにしてさっくり混ぜる。

5. 粉が混ざりきらないうちにオレンジコンフィを加え混ぜる。

6. 粉けがなくなり、なめらかになるまで混ぜる。

組立て・仕上げ

1 口径12mmの丸口金をつけた絞り袋にパート・ナチュールを入れ、準備した型に145gずつ、高さが均一になるように絞る。

2 生地の上にセミドライイチゴを隙間ができないように2列に並べる。

3 ②の上にパート・フィロをのせる。

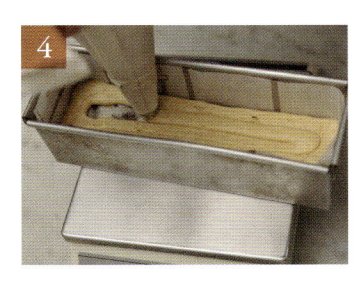

4 パート・エピスを145gずつ、高さが均一になるように絞る。

5 セミドライプルーンを中央に1列に並べる。

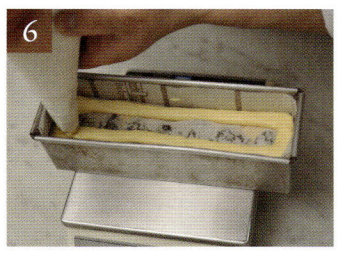

6 ⑤の上にパート・フィロをのせ、パート・ナチュールを再度145gずつ絞る。

7 セミドライイチゴを隙間ができないように2列に並べる。

8 ⑦の上にパート・フィロをのせ、パート・キャラメル・オランジュを120gずつ絞る。

9 型の底を台に軽く打ちつけて生地をならし、内側にベーキングシートを敷いたふたをして、ひと晩冷蔵庫でやすませる。

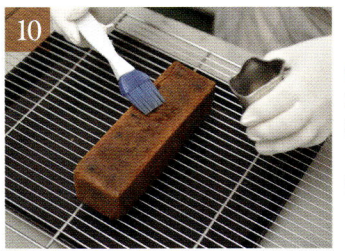

10 ⑨を上火170℃・下火170℃のオーブンで約90分間焼成する。熱いうちに型と紙をはずし、網にのせて、ソミュールトリプルセックを刷毛で上面と側面に打つ。

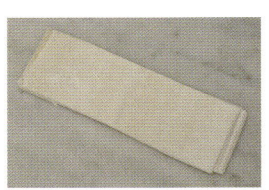

パート・フィロは、小麦粉やトウモロコシの粉でつくられたシート状の生地。型に合わせてカットしておく。

ストロベリーパウンドケーキ
NOAKE TOKYO

赤いマーブル模様が鮮やかな、イチゴ風味のパウンドケーキ。
しっとりとしたアーモンド風味の生地に、
甘酸っぱいイチゴジャムがアクセントを添える。
おやつ感覚で食べられる、焼きっぱなしの素朴な表情も魅力的。

材料（27cm×9cm×高さ9cmの型3台分）

無塩バター　670g
粉糖　670g
アーモンドパウダー　670g
全卵　150g
卵黄　240g
牛乳　100g
卵白　360g
グラニュー糖　150g
薄力粉　380g
ベーキングパウダー　15g
イチゴジャム　100g
フリーズドライイチゴパウダー　60g

下準備
・無塩バターは常温にもどしておく。
・全卵、卵黄、牛乳は常温にもどしておく。
・薄力粉、ベーキングパウダーは合わせてふるっておく。
・型にベーキングシートを敷いておく。
・オーブンを170℃に予熱しておく。

1　無塩バターをボウルに入れ、泡立て器ですり混ぜてポマード状にする。粉糖を加え、白っぽくなるまでしっかりと混ぜる。
2　①にアーモンドパウダーを加えて、よく混ぜる。
3　全卵、卵黄、牛乳を合わせて②に少しずつ加えながら、よく混ぜる。
4　ミキサーボウルに卵白とグラニュー糖を入れて高速で撹拌し、8分立てのメレンゲをつくる。
5　メレンゲの1/3量を③に加え、薄力粉、ベーキングパウダーを加えてよく混ぜる。
6　残りのメレンゲを加えてよく混ぜる。これがベースの生地となる。
7　⑥の生地の1/3量を別のボウルにとり分け、イチゴジャム、フリーズドライイチゴパウダーを加えてよく混ぜる。
8　⑥のベースの生地に⑦を加えてさっくりと混ぜ、マーブル状にする。
9　準備した型に生地を均等に流し、170℃で1時間30分ほど焼成する。

Point
＊イチゴジャムは市販品を使用すると、イチゴの色がより鮮明に出る。また、イチゴは加熱すると風味が消えてしまいがちなので、なるべくジャムは酸味の強いものを選ぶ。フリーズドライイチゴパウダーを加えて、イチゴの風味を強調しているのもポイント。

プランタニエ 苺のケーク
NOAKE TOKYO

シシリエンヌ
メゾン・ド・プティ・フール

プランタニエ 苺のケーク
NOAKE TOKYO

フリーズドライイチゴ、ピスタチオ、あられ糖をちらした
カラフルなデコレーションで"春"を演出。
生地にもフリーズドライイチゴパウダーを加え、鮮やかなピンク色に。
イチゴの甘酸っぱい風味をとじ込めたケーク。

材料（17cm×8cm×高さ6cmの型3台分）
- 全卵　300g
- グラニュー糖　200g
- 薄力粉　200g
- フリーズドライイチゴパウダー　30g
- ベーキングパウダー　3g
- 無塩バター　210g
- ベリー風味のシロップ*　90g

仕上げ用
- ホワイトチョコレート　適量
- ピスタチオ　適量
- フリーズドライイチゴ　適量
- あられ糖　適量

*ベリー風味のシロップのつくり方
ボーメ30°のシロップ50gに、水20g、ミックスベリーシロップ（モナン）20gを混ぜ合わせる（ボーメ30°のシロップは、水100gにグラニュー糖135gを合わせて沸騰させる）。

下準備
- 薄力粉、フリーズドライイチゴパウダー、ベーキングパウダーは合わせてふるっておく。
- 無塩バターは湯煎で溶かしておく。
- ホワイトチョコレートは湯煎で溶かしておく。
- ピスタチオは細かくきざみ、フリーズドライイチゴ、あられ糖と合わせておく。
- 型にベーキングシートを敷いておく。
- オーブンを170℃に予熱しておく。

1. ミキサーボウルに全卵とグラニュー糖を入れ、湯煎にかけて泡立器で撹拌しながら30〜40℃まで温める。
2. ボウルをミキサーにセットし、高速で角が立つくらいまで泡立てる。
3. ②に、薄力粉、フリーズドライイチゴパウダー、ベーキングパウダーを加え、ヘラでさっくり混ぜる。
4. ③に溶かしバターを加え、ヘラで混ぜ合わせる。
5. 準備した型に生地を均等に流し入れ、型の側面と底をたたいて余分な空気をぬく。
6. 170℃のオーブンで約40分間焼成する。
7. オーブンからとり出し、粗熱がとれたら型と紙をはずして、生地の表面にベリー風味のシロップをたっぷり打つ。
8. 生地の底の部分を上面にして、溶かしたホワイトチョコレートをぬり、きざんだピスタチオ、フリーズドライイチゴ、あられ糖を合わせたものをまぶす。

Point
*全卵とグラニュー糖を泡立ててから粉類を加え、最後に溶かしバターを加えるスポンジケーキの共立て法と同様のつくり方で、きめ細かく、軽い食感の生地をつくる。
*フリーズドライイチゴパウダーを使用して、イチゴの風味と色みをケークに表現。華やかなデコレーションをほどこし、焼き菓子では表現しにくい季節感も演出する。

シシリエンヌ

メゾン・ド・プティ・フール

緑色の生地に、セミドライイチゴの赤が映える、
春らしい彩りのケーキは、パン・ド・ジェーヌ生地がベース。
イチゴの酸味と甘み、食感がアクセントとなり、
アーモンドとピスタチオの豊かな味わいが奥行きを増す。

材料（14.5cm×7cm×高さ6.5cmの型2台分）

- パート・ダマンド・ピスターシュ* 102g
- 粉糖 90g
- 無塩バター 46g
- 全卵 136g
- パート・ピスターシュ 64g
- コンパウンド・ピスターシュ 32g
- 中力粉 52g
- ベーキングパウダー 2.4g
- セミドライイチゴ 適量
- キルシュ酒 適量

*パート・ダマンド・ピスターシュのつくり方
1 皮なしアーモンド750gとピスタチオ750gを合わせておく。
2 鍋にグラニュー糖1250g、水アメ250g、水320gを入れて火にかけ、108℃まで煮詰める。
3 ②に①を加えてよく混ぜ、糖化させる。
4 ③をローラーにかけてペースト状にする。

下準備

- 無塩バターは常温にもどしておく。
- 全卵は常温にもどしておく。
- 中力粉、ベーキングパウダーは合わせてふるっておく。
- 型にベーキングシートを敷いておく。
- オーブンを170℃に予熱しておく。

作り方

1. ミキサーボウルにパート・ダマンド・ピスターシュと粉糖を入れる。撹拌しながら無塩バターを少量ずつ加え、全体がなじむまで混ぜる。
2. ときほぐした全卵を3～4回に分けて加え、そのつどなめらかになるまで撹拌する。
3. パート・ピスターシュとコンパウンド・ピスターシュを加えて撹拌する。
4. ボウルをミキサーからはずして中力粉とベーキングパウダーを加え、粉けがなくなるまでヘラで底から返すようにして混ぜる。
5. 生地を絞り袋に入れ、準備した型に250gずつ絞る。途中、セミドライイチゴを適量入れる。
6. 型の底を作業台に軽く打ちつけて生地をならし、上火170℃・下火170℃のオーブンで約40分間焼成する。
7. いったんとり出してセミドライイチゴを上面にのせ、さらに20分間焼成する。
8. 焼きあがったらすぐに型と紙をはずし、キルシュ酒を刷毛で上面と側面に打つ。網にのせて冷ます。

Point

*自家製のパート・ダマンド・ピスターシュでつくるパン・ド・ジェーヌ生地がベース。パート・ピスターシュとコンパウンド・ピスターシュ（ともに市販品）でピスタチオの風味、色を補強し、きれいな緑色の生地に仕上げる。

*ふっくら軽い口溶けに仕上げるため、常温にもどしたバターを少しずつ加えながら撹拌して、生地に適度に空気を含ませる。

バナナブレッド
エイミーズ・ベイクショップ

アメリカンケーキのなかでもおなじみの、バナナ風味のケークに
和菓子用の素材、白インゲンマメ粉を粉に配合しているのが特徴。
バナナをたっぷり加えても生地が水っぽくなりすぎず、
濃厚な味わいを引きたてる、密な質感を出すことに成功した。

材料（18cm×8cm×高さ8cmの型2台分）

- 無塩バター　150g
- ブラウンシュガー　240g
- 全卵　1.5個
- A
  - 中力粉　290g
  - 白インゲンマメ粉　40g
  - ベーキングパウダー　小さじ1/2
  - 重曹　小さじ2
  - シナモンパウダー　小さじ2
  - 塩　少量
- B
  - バナナ　470g
  - サワークリーム　60g
  - ラム酒　20g
- クルミ　50g

仕上げ用
- バナナ　1本

下準備

- 無塩バターは常温にもどしておく。
- 全卵は常温にもどしておく。
- 材料Aは合わせてふるっておく。
- 材料Bのバナナはボウルに入れて粗くつぶしておく。同じボウルにサワークリームとラム酒を計量して入れる。
- クルミは渋皮を軽くとり、粗めにきざんでおく。
- 型に無塩バターをぬり、中力粉をふって余分な粉を落としておく（ともに分量外）。
- オーブンを180℃に予熱しておく。

作り方

1. ボウルに無塩バターを入れてヘラで軽くほぐし、ブラウンシュガーを加えてハンドミキサーの中速〜高速で、白っぽくなるまで混ぜる。
2. 全卵を加え、高速で混ぜてしっかりと乳化させる。
3. Aの半量を加え、中速で混ぜる。
4. 粉けが軽く残った状態でBを加え、中速で混ぜ合わせる。
5. Aの残りをすべて加え、中速でつやが出るまでしっかりと混ぜる。
6. クルミを加え、ヘラで混ぜ込む。全体にクルミが混ざればよい。
7. 準備した2台の型に半量ずつ生地を流し込み、表面を平らにならす。
8. 表面に、皮をむいて縦に割ったバナナを飾る。
9. 180℃のオーブンで約48分間焼成する。
   焼きあがったらすぐに型をはずし、網にのせて冷ます。

Point

*このバナナブレッドは、同店の他のケークと比べてより粉の重量感と独特な濃厚さを感じさせる配合。それを生かすため、生地は、つやとほどよい粘りが出るまでしっかりと混ぜて、目の詰まった密な質感に仕上げる。

*生地に加えるバナナはシュガースポットが出はじめの若めのものを使用し、生地の中にバナナが溶け込みすぎないようにする。

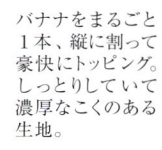

バナナをまるごと1本、縦に割って豪快にトッピング。しっとりしていて濃厚なこくのある生地。

ケイク フュメ フィグ エ ノワ
リベルターブル

バターとセミドライイチジクをサクラのスモークウッドで燻し、
深まる秋をスモーキーな香りで表現したアイデアフルなケーク。
燻製香がケーク全体にいきわたるように、燻したバターを溶かして混ぜて、
意外性に満ちた味、香りが楽しめる1品に仕立てた。
アクセントに加えたクルミのキャラメリゼで、軽快かつリズミカルな食感に。

材料 (24cm×5.5cm×高さ6.5cmの型3台分)

- 粉糖　170g
- 全卵　120g
- 薄力粉　160g
- ベーキングパウダー　5g
- 燻製セミドライイチジクA*1　30g
- 燻製バター*1　150g
- クルミのキャラメリゼA*2
  （下記の分量でつくり、全量を使用）

仕上げ用
- アンビバージュ*3　適量
- ナパージュヌートル　適量
- 燻製セミドライイチジクB*1　適量
- クルミのキャラメリゼB*2　適量

*1 燻製セミドライイチジクと燻製バターのつくり方
発泡スチロールの箱の底に穴をあけ、ホースと燃焼用の缶をとりつける。箱の中にセミドライイチジクと無塩バターを入れ、氷を敷き詰めてふたをする。缶の中でサクラのスモークウッドを燃やして煙を箱の中に充満させ、約2時間冷燻する。

*2 クルミのキャラメリゼのつくり方
鍋にグラニュー糖30gを入れて加熱し、温めた生クリーム30gを少量ずつ加え混ぜる。クルミ60gを加えて混ぜ、全体に均一になじんだらバットに広げて冷ます。

*3 アンビバージュのつくり方
水50gとグラニュー糖30gを合わせて沸騰させ、40℃まで冷ましてポワール・ウィリアム40gを加え混ぜる。

下準備
- 全卵は常温にもどしておく。
- 薄力粉、ベーキングパウダーは合わせてふるっておく。
- 燻製セミドライイチジクAは粗みじん切りにしておく。Bは半割にしておく。
- 燻製バターは溶かして、45℃程度に調整しておく。
- クルミのキャラメリゼAは粗くきざんでおく。
- 型に型ぬり用バター（分量外。無塩バター4：強力粉1の割合で合わせたもの）をぬっておく。
- オーブンを180℃に予熱しておく。

1. 粉糖と全卵をミキサーボウルに入れ、なめらかになるまで、低速で撹拌する。
2. 薄力粉とベーキングパウダーを加え、低速で撹拌する。
3. 粉けが残っているうちに燻製セミドライイチジクAを加え、低速で撹拌する。
4. ③を撹拌しながら、溶かした燻製バターを少しずつ加え、つやのあるなめらかな状態になるまで低速で混ぜる。
5. ミキサーからボウルをはずし、クルミのキャラメリゼAを加え、ヘラで均一に混ぜる。
6. 準備した3台の型に均等に生地を流し、型の底を作業台に軽く打ちつけて生地をならす。
7. 上火180℃・下火180℃のオーブンで約40分間焼成する。
8. 焼きあがったら型をはずし、熱いうちに上面と側面に刷毛でアンビバージュを打つ。網にのせて冷ます。
9. 上面と側面にナパージュヌートルを刷毛でぬり、燻製セミドライイチジクBとクルミのキャラメリゼBを飾る。イチジクの上にナパージュヌートルをぬってつやを出す。

Point
*ケーク自体を燻製にしても表面にしか香りがつかないため、香りが移りやすいバターを燻製にして加え、生地全体にスモーキーな香りをいきわたらせた。
*バターが溶けないように、氷を敷き詰めた燻製機に煙を充満させて冷燻にする。

材料（18cm×8cm×高さ8cmの型2台分）

全卵　4個
サラダオイル　200g
ブラウンシュガー　180g
バターミルク*1　120g
中力粉　260g
ベーキングパウダー　小さじ2
重曹　小さじ1と1/2
塩　ひとつまみ
シナモンパウダー　小さじ2
ナツメグパウダー　小さじ1
ジンジャーパウダー　小さじ1/2
クローヴパウダー　小さじ1/4
ニンジン　150g
パイナップル（缶詰）　5切れ
レーズン　80g
クルミ　50g
ココナッツロング　40g

フロスティング*2
クリームチーズ　260g
グラニュー糖　36g
生クリーム　20g

仕上げ用
クルミ　適量
粉糖　適量

*1　バターミルクは、牛乳60g、プレーンヨーグルト60gを混ぜ合わせたもので代用できる。

*2　フロスティングのつくり方
やわらかくもどしたクリームチーズをボウルに入れ、グラニュー糖を加えてヘラで練り混ぜる。つやが出てきたら生クリームを加え、水分がしっかりなじむまで混ぜる。

下準備
・全卵は常温にもどしておく。
・中力粉、ベーキングパウダー、重曹、塩、スパイス類は合わせてふるっておく。
・ニンジンはシュレッダーで細切にしておく。
・パイナップルは水けをきり、粗くきざんでおく。
・クリームチーズは使う6時間ほど前に冷蔵庫から出し、常温にもどしておく。
・型に無塩バターをぬり、中力粉をふって余分な粉を落としておく（ともに分量外）。
・オーブンを180℃に予熱しておく。

キャロットケーキ

エイミーズ・ベイクショップ

細切りのニンジンやナッツ、パイナップルなどの具材をたっぷり混ぜ込んだ、アメリカンタイプのケーキ。スパイスの香る、しっとりとした食感の生地に、風味や食感のさまざまなフィリングがよく調和し、クリームチーズのフロスティングのミルキーな味わいがアクセントを添える。

1 ボウルに卵を割り入れ、サラダオイルを加える。泡立て器で混ぜ、しっかりと乳化させる。

2 ブラウンシュガーをふるい入れる。ふるいに残った大きな粒も加える。

3 ヘラに持ち替え、もったりとしたとろみがつくまで混ぜ合わせる。

4 バターミルクを加え、ヘラで混ぜる。

5 合わせてふるっておいた中力粉、ベーキングパウダー、重曹、塩、スパイス類を加える。粉けがかなり残った状態で、混ぜるのを止める。ここで混ぜすぎてしまうと、仕上がりの生地の膨らみに影響する。

6 具材（ニンジン、パイナップル、レーズン、クルミ、ココナッツロング）を一度に加え、しっかり混ぜ合わせる。

7 全体がもったりとし、つやが出れば混ぜ終わり。

8 準備した2台の型に、生地を半量ずつ流し入れる。作業台に軽くトントンと型を打ちつけて、生地を平らにならす。ここで型を落としたり、あまり強くたたきつけると具材が沈むので気をつける。

9 180℃のオーブンの下段で約48分間焼く。焼きあがったら型をはずして網にのせ、粗熱がとれたらラップフィルムで包み、冷蔵庫で冷やす。

10 ケーキを冷蔵庫から出し、フロスティングを1台あたり150gずつ上面にのせ、パレットナイフでぬり広げる。四隅はとくにていねいに、角が出るように。ぬり終えたらふたたびラップフィルムで包んで冷蔵庫に1時間以上入れ、フロスティングを冷やし固める。クルミを飾り、粉糖をふる。

Point
* 全卵とサラダオイルは、泡立て器でしっかりと乳化させること。もし分離気味になってしまったら10分間ほどおいてふたたび混ぜる。
* 具材は食感を残すため、ある程度粗めにカットすること。
* フロスティング用のクリームチーズは、生地のスパイシーさとのバランスをとるため、乳味の強いタイプを使用する。

ズッキーニパンプキンケーキ
エイミーズ・ベイクショップ

アメリカの家庭でおなじみの、ズッキーニを使ったケーキに
カボチャを加え、表面にカボチャの種とズッキーニをあしらった。
油脂にはサラダオイルを使用して、しっとりやわらかな質感を出し
4種類のスパイスとモラセスで風味豊かに仕上げている。

材料（18cm×8cm×高さ8cmの型4台分）
サラダオイル　400g
グラニュー糖　500g
モラセス　40g
全卵　6個
バニラエキストラクト　小さじ2
A ┌ 中力粉　480g
　├ スパイスミックス*　20g
　├ ベーキングパウダー　小さじ2
　├ 重曹　小さじ4
　└ 塩　少量
ズッキーニ　400g
カボチャ　400g
パンプキンシード　適量

＊スパイスミックスは、ナツメグパウダー5：ジンジャーパウダー2：シナモンパウダー20：クローヴパウダー3の割合で混ぜ合わせたもの。

下準備
・全卵は常温にもどしておく。
・材料Aは合わせてふるっておく。
・ズッキーニ、カボチャはシュレッダーを使い、せん切りより太めの細切りにする。
・型に無塩バターをぬり、中力粉をふって余分な粉を落としておく（ともに分量外）。
・オーブンを180℃に予熱しておく。

1　サラダオイル、グラニュー糖、モラセスをボウルに入れ、
　　全卵、バニラエキストラクトを加え、
　　泡立て器でしっかりと混ぜて乳化させる。
2　Aを一度に加え、ヘラで混ぜる。
3　粉けが軽く残った状態で、ズッキーニ、カボチャを加える。
　　野菜が全体にいきわたり、生地がまとまるまでヘラで混ぜる。
4　準備した4台の型に生地を均等に流し、
　　表面を平らにならしてからパンプキンシードをたっぷりとのせ、
　　細切りにしたズッキーニ（分量外）を飾る。
5　180℃のオーブンで約48分間焼成する。
6　焼きあがったら型をはずし、網にのせて冷ます。

Point
＊ズッキーニとカボチャは、水分の多すぎないものを選ぶ。水分が多いと生地がだれ、食感が悪くなる。

スパイスとモラセスを加えるため、生地の色はかなり濃いめ。たっぷりのせたカボチャの種が、食感のアクセントとこうばしさを与えている。

材料（10cm×6cm×高さ8cmの型5台分）

無塩バター　235g
自家製黒ゴマタン・プール・タン*　480g
全卵　50g
卵黄　85g
卵白　150g
グラニュー糖　55g
ライ麦粉　85g
強力粉　85g
アマレットA　35g
黒豆（甘露煮）　250g
アマレットB　25g
抹茶リキュール　25g

＊自家製黒ゴマタン・プール・タンは、粉糖240g、アーモンドパウダー120g、黒すりゴマ120gを混ぜ合わせたもので代用できる。

下準備

- 無塩バターは常温にもどしておく。
- 全卵と卵黄は混ぜておく。
- ライ麦粉、強力粉は合わせてふるっておく。
- アマレットAと黒豆を合わせておく。
- アマレットBと抹茶リキュールを合わせておく。
- 型にベーキングシートを敷いておく。
- オーブンを180℃に予熱しておく。

ウィークエンド　黒ごま黒豆

パティスリー・ドゥ・シェフ・フジウ

黒ゴマのタン・プール・タンを加えた生地に、黒光りする大粒の黒豆……。
ブラック×ブラックの鮮烈な色合いとは裏腹に、
その味わいは意外なほどやさしく、どこかなつかしい。
噛みしめるほどにバターやゴマの香りが広がる生地に、
アマレットと抹茶リキュールが奥行きを与え、さらに風味豊かに。

1. ミキサーボウルに無塩バターを入れ、低速で混ぜてポマード状にし、黒ゴマタン・プール・タンを加え混ぜる。

2. ミキサーを中速にして、混ぜておいた全卵と卵黄を4回に分けて加え混ぜる。

3. 3回めに入れた全卵と卵黄が大体混ざったら、一度ミキサーを止め、ボウルの側面についた生地をヘラではらう。ふたたびミキサーを回し、残りの全卵と卵黄を加えて混ぜる。

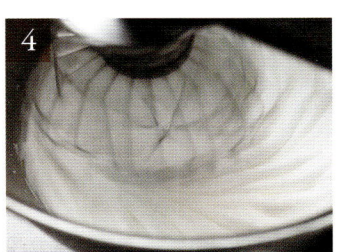

4. 別のミキサーボウルに卵白を入れ、高速で混ぜる。全体が白っぽくなってきたら中速に落とし、グラニュー糖を少量ずつ加えながらさらに撹拌。ホイッパーを持ち上げたときに角がピンと立つまでしっかり泡立てる。

5. ③のボウルをミキサーからはずし、④のメレンゲを加える。ライ麦粉、強力粉も加え、ヘラで底から返すようにしてさっくりと混ぜる。

6. メレンゲがまだ混ざりきらないうちに、アマレットと合わせた黒豆を加え、豆をつぶさないようにヘラで底から返すようにして混ぜる。

7. 途中、ボウルの側面についた生地をはらい、なめらかな状態になるまでヘラで混ぜる。

8. 口径17mmの丸口金をつけた絞り袋に生地を入れ、準備した型に280gずつ絞る。

9. 上火180℃・下火180℃のオーブンで約45分間焼成する。途中で天板の前後を入れ替える。

10. 焼きあがったら、熱いうちにアマレットと合わせた抹茶リキュールを刷毛で上面に打つ。型をはずし、紙をつけた状態で冷ます。

店では粉糖240g、皮むきアーモンド120g、黒ゴマ120gをナッツローラーにかけた黒ゴマタン・プール・タンを使用している。

ふっくらやわらかく炊きあげられた黒豆の甘露煮を使用。アマレットの風味をまとわせることで、より膨らみのある味わいに。

Point

* 目の詰まった生地に仕上げるため、バターをポマード状にするときや生地を混ぜるときは、できるだけ空気を入れないようにする。
* 卵白はある程度泡立ててから砂糖を加え、空気を充分に含んだメレンゲをつくる。
* 生地を混ぜる回数を減らすため、メレンゲと粉を一度に加えて混ぜているが、分量がもっと多い場合は、混ざりが悪くなるので粉とメレンゲを半量ずつ交互に加えて混ぜるとよい。

小豆ともち粉
NOAKE TOKYO

卵黄を使わず、卵白だけでつくるパウンドケーキ。
モチ粉を配合した生地は、外はさくさく、中はふわっとした食感で、
アズキの粒がアクセントに。沈殿したあんがつくる模様もユニークだ。
素材の風味を生かした自然な甘みで好評を得ている。

材料（27cm×9cm×高さ9cmの型3台分）
卵白　900g
グラニュー糖　720g
薄力粉　480g
モチ粉　80g
ベーキングパウダー　15g
無塩バター　450g
アズキ*　500g

＊アズキの下準備
1　ひと晩水に浸しておいたアズキを、一度ゆでこぼす。
2　アズキが浸るくらいの水で、弱火でアズキがやわらかくなるまで炊く。
3　アズキがやわらかくなったら、アズキの量に対して8割の砂糖と、少量の塩を加え、さらに炊く。

下準備
・卵白は冷蔵庫で冷やしておく。
・薄力粉、モチ粉、ベーキングパウダーは合わせてふるっておく。
・無塩バターは湯煎で溶かしておく。
・型にベーキングシートを敷いておく。
・オーブンを170℃に予熱しておく。

1　ミキサーボウルに冷やしておいた卵白とグラニュー糖を入れて高速で撹拌し、固めのメレンゲをつくる。
2　薄力粉、モチ粉、ベーキングパウダーを①に加えてさっくり混ぜる。
3　溶かしバターを入れたボウルに②の一部を加え、よく混ぜてから②に加え、しっかり混ぜて乳化させる。
4　炊いたアズキを③に加えて、よく混ぜる。
5　準備した型に生地を均等に流し入れる。
6　170℃のオーブンで約45分間焼成し、蒸気を逃がしてさらに150℃で45分間焼く。
7　焼きあがったら型をはずし、網にのせて冷ます。

Point
＊モチ粉を配合した生地は、混ぜすぎると粘りが出て食感が重くなるので、手早く混ぜ合わせる。

マーブル ショコラ

アカシエ

フランス「ルノートル」の研修で習得した
テクニックを使って、マーブル状に仕上げたケーク。
プレーンな生地とカカオパウダー入りの生地が描き出す
リズミカルで、迫力ある模様は、
オーブンの熱が起こす「対流」のなせる技。

材料(17.7cm×5.5cm×高さ5cmの型12台分)

無塩発酵バター 519g
粉糖 909g
全卵 675g
中力粉(フランス産小麦粉) 915g
ベーキングパウダー 9g
牛乳 234g
カカオパウダー 52g
無塩バター 適量

仕上げ用

グラサージュ・ショコラ* 適量
クリスパールホワイト(カレボー) 適量
パール・クラッカン(ヴァローナ) 適量

* グラサージュ・ショコラのつくり方
バータ・グラッセ500g、ビターチョコレート200gをそれぞれ電子レンジで溶かして合わせ、太白胡麻油75gを加えて混ぜる。

下準備

- 無塩発酵バター、無塩バターは常温にもどしておく。
- 全卵はよくときほぐし、湯煎にかけて30℃に温めておく。
- 中力粉、ベーキングパウダーは合わせてふるっておく。
- 牛乳にカカオパウダーを加え、溶かしておく。
- 型にベーキングシートを敷いておく。
- オーブンを165℃に予熱しておく。

Point

* 生地が分離しないように無塩発酵バターは24〜25℃、卵は30℃に温めて使用する。
* 卵の配合量が多いため、卵液は10回程度に分けてバターに混ぜ、1回ごとにしっかりと乳化させる。
* 泡立て器を使用すると空気を含みすぎるので、混ぜるときはヘラを使用する。
* プレーンとココアの生地の比率は2:1。

1. ポマード状にした無塩発酵バターに粉糖を加え、泡立て器ですり混ぜる。

2. ヘラに持ち替えて、なめらかになるまで混ぜ、ボウルの側面についた生地をはらう。

3. よくときほぐして30℃に温めた全卵を10回に分けて加えていく。1回ごとに卵液が均一に混ざってなめらかな状態になってから、次の卵液を加える。

4. 空気を含ませすぎないように、ヘラで返すようにして混ぜるのがポイント。ボウルの中身の温度が低下しすぎると分離するので、卵液は温度が下がったら、そのつど温め、30℃を保つようにする。

5. 卵が均一に混ざったら、ボウルの側面についた生地をはらい、中力粉とベーキングパウダーを少しずつ加えながら、ヘラで生地を返すようにして、つやのあるなめらかな状態になるまで混ぜる。

6. 混ぜ終えたら800gを別のボウルにとり、合わせて溶かしておいた牛乳とカカオパウダーを加えて均一になるまで混ぜる。

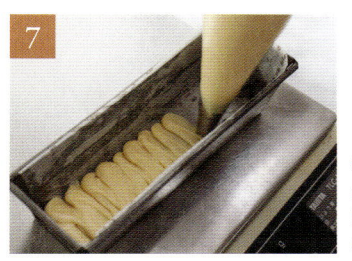

7. 絞り袋に⑤のプレーン生地を入れ、準備した型に隙間なく40gずつ絞り入れる。

8. 別の絞り袋に⑥のココア生地を入れ、⑦の上に20gずつ絞り入れる。プレーン生地とココア生地を同じ要領で交互に絞り、8層にする。

9. 竹串で表面に線を描き、模様をつける。

10. ポマード状にした無塩バターをコルネに入れ、⑨の中央に細く1本絞り入れる。こうすることで、焼きあがりにきれいな割れ目ができる。上火165℃・下火165℃のオーブンに入れ、約45分間焼成する。

11. 焼きあがったらすぐに型をはずし、紙をとりのぞいて粗熱をとる。ラップフィルムで包み、ひと晩常温でやすませる。

12. ⑪を網にのせ、グラサージュ・ショコラを上面にスプーンで斜めにかける。グラサージュが固まらないうちにクリスパールホワイト、パール・クラッカンを飾る。

ウィークエンド ショコラ
パティスリー・ドゥ・シェフ・フジウ

ショコラ ドゥーブル
ノリエット

ウィークエンド ショコラ

パティスリー・ドゥ・シェフ・フジウ

重曹で生地をもちあげる古典菓子の手法を生かし、
さっくり、軽やかな口あたりに仕上げたシンプルなケーキ。
口に含むとカカオの香りと苦みが広がり、
あとから豊かなバターのこくと香りが追いかけてくる。

材料（10cm×6cm×高さ8cmの型10台分）

- 無塩バター　470g
- 自家製タン・プール・タン*　960g
- 全卵　100g
- 卵黄　170g
- 卵白　300g
- グラニュー糖　110g
- ラム酒A　100g
- 重曹　5g
- 薄力粉　115g
- 強力粉　115g
- カカオパウダー　150g
- ラム酒B　100g

＊自家製タン・プール・タンは、アーモンドパウダーと粉糖各480gを混ぜ合わせたもので代用できる。

下準備

- 無塩バターは常温にもどしておく。
- 全卵と卵黄は混ぜておく。
- ラム酒Aに重曹を加えて溶かしておく。
- 薄力粉、強力粉、カカオパウダーは合わせてふるっておく。
- 型にベーキングシートを敷いておく。
- オーブンを180℃に予熱しておく。

1. ミキサーボウルに無塩バターを入れ、低速で混ぜてポマード状にし、タン・プール・タンを加えて混ぜる。
2. ミキサーを中速にして、混ぜておいた全卵と卵黄を4回に分けて加え混ぜる。3回めに入れた全卵と卵黄が大体混ざったら、一度ミキサーを止め、ボウルの側面についた生地をヘラではらう。ふたたびミキサーを回し、残りの全卵と卵黄を加えて混ぜる。
3. 別のミキサーボウルに卵白を入れ、高速で混ぜる。全体が白っぽくなってきたら中速に落とし、グラニュー糖を少量ずつ加え、角がピンと立つまでしっかり泡立てる。
4. ②のボウルをミキサーからはずし、ラム酒Aと重曹を加え、ヘラで底から返すようにしてさっくりと混ぜる。
5. ③のメレンゲの半量と、薄力粉、強力粉、カカオパウダーの半量を加えてヘラでさっくり混ぜる。
6. メレンゲがまだ混ざりきらないうちに、残りのメレンゲと粉類を加え、底から返すようにして混ぜて、なめらかでつやのある状態にする。
7. 口径17mmの丸口金をつけた絞り袋に生地を入れ、準備した型に260gずつ絞る。
8. 上火180℃・下火180℃のオーブンで約45分間焼成する。途中で天板の前後を入れ替える。
9. 焼きあがったら、熱いうちにラム酒Bを刷毛で上面に打つ。型をはずし、紙をつけた状態で粗熱をとる。

Point

- カカオパウダーは、カカオの風味が強く、深い色合いのものを選ぶ。
- 生地の浮きをよくするため、フランス古典菓子に多く使われている重曹を膨張剤として使う。
- バターや生地を混ぜるときは、できるだけ空気を入れないように気をつける。
- 卵白はある程度泡立ててから砂糖を加え、空気を充分に含んだメレンゲをつくる。

ショコラ ドゥーブル

ノリエット

舌の上で次々に溶けていく、きざみチョコレート、
なめらかなパータ・グラッセ・ノワール、
サクサクのチョコレートパフ、しっとりとしたココア生地……。
チョコレートのさまざまな表情が楽しめる1品。

材料（20cm×5.5cm×高さ4.5cmの型7台分）

- パート・ダマンド・クリュ　380g
- 無塩バター　490g
- 粉糖　550g
- 全卵　475g
- 薄力粉　275g
- ベーキングパウダー　10g
- カカオパウダー　90g
- チョコレート（カカオ分55%）　190g
- 牛乳　100g

仕上げ用
- パータ・グラッセ・ノワール　適量
- パータ・グラッセ・ブラン　適量
- パール・クラッカン（ヴァローナ）　適量
- ハート形チョコレート*1　適量
- チョコレートパフ*2　適量

*1 ハート形チョコレートのつくり方
1. ミルクチョコレート適量をテンパリングする。45〜50℃に溶かしたチョコレートの2/3量をマーブル台にパレットナイフで広げ、集める作業をくり返して温度を25℃程度まで下げ、もとのボウルにもどす。
2. ①を火にかけ、混ぜながら30℃まで温める。
3. ハート型に②を流し入れ、型をたたいて空気をぬく。
4. 型を逆さにして余分なチョコレートを落とす。
5. 網にふせて置き、周囲が固まったら型からはみ出した部分をそぎ落とす。冷蔵庫で冷やし固める。

*2 チョコレートパフのつくり方
1. チョコレート（カカオ分55%）適量をテンパリングする。
2. 適量のライスパフにからまる量の①を加えて混ぜる。
3. 天板に広げて固める。

下準備

- 無塩バターは常温にもどしておく。
- 全卵は常温にもどしておく。
- 薄力粉、ベーキングパウダー、カカオパウダーは合わせてふるっておく。
- チョコレートはきざんでおく。
- 型に溶かしバター（無塩バター。分量外）をぬっておく。
- オーブンを180℃に予熱しておく。

作り方

1. ミキサーボウルにほぐしたパート・ダマンド・クリュと無塩バター、粉糖を入れ、ビーターでダマがなくなるまで混ぜる。
2. ときほぐした全卵を4〜5回に分けて加える。1回入れるごとによく混ぜ、白っぽくなってから次を加える。
3. 薄力粉、ベーキングパウダー、カカオパウダー、チョコレートを加え、粉けがなくなるまで混ぜる。
4. 牛乳を加え、なめらかになるまで混ぜる。
5. ④を準備した型に340gずつ流し入れ、作業台に型の底を軽く打ちつけて生地をならす。
6. 冷蔵庫で1時間ほどやすませる。
7. 上火180℃・下火180℃のオーブンで約45分間焼成する。
8. 焼きあがったら、すぐに型をはずして網に底面を上にして置き、冷ます。
9. 表面全体にパータ・グラッセ・ノワールをかける。パータ・グラッセ・ブランをコルネに入れ、大きさを変えて上面に丸く絞る。竹串で円の中央を通るように線を引き、ハートの形を描く。
10. 手早くパール・クラッカンとハート形チョコレートをのせ、チョコレートパフを裾につける。台紙にのせてチョコレートを冷やし固める。

Point

*パート・ダマンド・クリュとチョコレートを使った濃厚な風味をよりおいしく味わえるように、通常のパウンドケーキ型より細身の型を使用。
*焼成後は平らな底面を上にして冷まし、パータ・グラッセ・ノワール（市販品）を均一にかけてから手早くデコレーションする。

ショコラ オランジュ

メゾン・ド・プティ・フール

バナーヌ ショコラ キュイ
パティスリー ユウ ササゲ

ショコラ オランジュ

メゾン・ド・プティ・フール

カカオの風味豊かなチョコレート入りの生地に
オレンジコンフィをたっぷり混ぜ込んだ香り高いケーク。
チョコレートにオレンジの苦み、酸味が重なり合い、
リッチで濃厚なケークの味わいにキレと奥行きを与える。

材料（14.5cm×7cm×高さ6.5cmの型2台分）

- 無塩バター　125g
- 粉糖　96g
- チョコレート（カカオ分65%）　101g
- 全卵　125g
- 生クリーム（乳脂肪分43%）　51g
- 薄力粉　81g
- ベーキングパウダー　3g
- オレンジコンフィ（3mm角）　101g
- オレンジスライスコンフィ　適量
- グランマルニエ　適量

下準備

- 無塩バターは常温にもどしておく。
- チョコレートは粗くきざみ、湯煎にかけて溶かしておく。
- 全卵は常温にもどしておく。
- 薄力粉、ベーキングパウダーは合わせてふるっておく。
- 型にベーキングシートを敷いておく。
- オーブンを170℃に予熱しておく。

作り方

1. ボウルに無塩バターを入れ、ポマード状になるまで泡立て器で混ぜる。
2. ①に粉糖を加え、なめらかになるまですり混ぜる。
3. 溶かしたチョコレートを30℃程度の温度に調整して加え混ぜる。
4. よくときほぐした全卵を3～4回に分けて加え、そのつど泡立て器でムラなく混ぜる。
5. 生クリームを加えてなめらかになるまで混ぜる。
6. 薄力粉、ベーキングパウダーを加え、さっくりと混ぜる。
7. 粉けが残っているうちにオレンジコンフィを加え、なめらかになるまで底から返すようにして混ぜる。
8. 生地を絞り袋に入れ、準備した型に330gずつ絞り入れる。型の底を作業台に軽く打ちつけて生地をならす。
9. 上火170℃・下火170℃のオーブンで約50分間焼成する。
10. いったんとり出して、オレンジスライスコンフィを上面にのせ、さらに10分間ほど焼成する。
11. オーブンから出したらすぐに型と紙をはずし、熱いうちにグランマルニエを刷毛で上面と側面に打つ。網にのせて冷ます。

Point

＊バターは、固い状態で加えると混ぜすぎることになって、空気を含みすぎるため、20℃くらいにもどし、やわらかいポマード状にしてから粉糖をすり混ぜる。こうすることで、卵液を加えたときも分離しにくくなる。

＊溶かしたチョコレートは、温度が高すぎるとバターが溶けるため、30℃程度にする。温度はバターの状態に合わせて調節する。

バナーヌ ショコラ キュイ

パティスリー ユウ ササゲ

フレッシュなバナナの風味が香り立つケーキは、
マフィンのような、やさしい食べ心地。
キャラメルを思わせる"焼きホワイトチョコレート"の
まろやかな味わいを加えて誰もが大好きなチョコバナナ味に。

材料（17cm×5cm×高さ6cmの型20台分）

- 無塩バター　600g
- 粉糖　800g
- 全卵　700g
- ホワイトチョコレートA　650g
- 薄力粉　560g
- アーモンドパウダー　640g
- ベーキングパウダー　9g
- バナナ　900g
- ホワイトチョコレートB　300g

仕上げ用
- アプリコットジャム＊　適量
- ホワイトチョコレートC　適量
- 粉糖　適量

＊アプリコットジャムのつくり方
鍋にアプリコットジャムと水各適量を入れて加熱し、ぬりやすい濃度になるまで煮詰める。

下準備

- 無塩バターは常温にもどしておく。
- 粉糖はふるっておく。
- 全卵は常温にもどしておく。
- ホワイトチョコレートA〜Cは天板にのせ、120℃のオーブンで60〜70分間焼く。
- ホワイトチョコレートAは、湯煎または電子レンジにかけて溶かし、35℃程度に調整しておく。
- ホワイトチョコレートBは粗くきざんでおく。
- ホワイトチョコレートCはオーブンから出して熱いうちに薄く広げて固め、ナイフで薄く削っておく。
- 薄力粉、アーモンドパウダー、ベーキングパウダーは合わせてふるっておく。
- バナナは手で適度につぶしておく。
- 型ぬり用バター（分量外。無塩バター9：強力粉1の割合で合わせたもの）を型にぬり、強力粉（分量外）をふって余分な粉を落としておく。
- オーブンを165℃に予熱しておく。

---

1. ポマード状にした無塩バターをミキサーボウルに入れ、粉糖を加えて低速でなじむまで撹拌する。
2. ときほぐした全卵を数回に分けて①に加え、そのつどなじんでなめらかになるまで低速で撹拌する。
3. 溶かしたホワイトチョコレートAを②に加えて低速で混ぜる。
4. 薄力粉、アーモンドパウダー、ベーキングパウダーを加えて低速で混ぜる。
5. つぶしたバナナとホワイトチョコレートBを加えて低速で混ぜる。
6. ミキサーからボウルをはずし、ヘラで底から返すようにして均一に混ぜる。
7. 準備した型に生地を260gずつ流し、型の底を手で軽くたたいてならす。
8. 上火165℃・下火165℃のオーブンで約50分間焼成する。
9. 焼きあがったらすぐに型をはずし、網にのせて冷ます。
10. 上面にアプリコットジャムをぬり、ホワイトチョコレートCをちらす。
11. 上面の3分の2を紙でおおい、粉糖をふるいかける。

Point

＊ホワイトチョコレートは低温で60〜70分間焼き、キャラメルやメープルシロップを思わせる香り、うまみをまとわせて使用する。
＊分離しないように、バターは22〜25℃にもどし、やわらかいポマード状にする。
＊しっとりやわらかく、きめの細かい生地に仕上げるため、砂糖は粉糖を使用。
＊空気を含みすぎないように低速で撹拌する。

ケーク ショコラ フィグ オランジュ

アカシエ

ケーク ショコラ フィグ ダプリコ

パティスリー ユウ ササゲ

ケーク ショコラ フィグ オランジュ

アカシエ

カカオパウダー入りの生地にきざんだチョコレートを加えて、
ふっくら、しっとり、食べやすいケーキに。
オレンジの香りをまとわせたドライイチジクの
濃厚な味わいとぷちぷち感が、風味と食感のアクセント。

材料(17.7cm×5.5cm×高さ5cmの型3台分)
- 全卵　150g
- グラニュー糖　75g
- カソナード　75g
- 無塩発酵バター　150g
- 薄力粉　120g
- ベーキングパウダー　5g
- カカオパウダー　30g
- チョコレート(カカオ分67%)　45g
- コンポート・フィグ・オランジュ*1　210g
- オレンジの皮　1個分
- 無塩バター　適量

仕上げ用
- コンポート・フィグ・オランジュの漬け汁　適量
- グラサージュ・ショコラ*2　適量
- コンポート・フィグ・オランジュ　適量
- オレンジスライスコンフィ　適量

*1 コンポート・フィグ・オランジュのつくり方
ドライイチジク1000gをフォークで穴を多数あけておく。オレンジジュース800gとグラニュー糖283g、トレハロース117gを合わせて沸騰させる。ドライイチジクを加えてひと煮立ちさせ、火を止めてグランマルニエ35gを加える。冷蔵庫で2日以上ねかせてから使用する。

*2 グラサージュ・ショコラのつくり方
パータ・グラッセ500g、ビターチョコレート200gをそれぞれ電子レンジで溶かして合わせ、太白胡麻油75gを加えて混ぜる。

下準備
- 全卵は常温にもどしておく。
- 無塩発酵バター、無塩バターは常温にもどしておく。
- 薄力粉、ベーキングパウダー、カカオパウダーは合わせてふるっておく。
- チョコレートは細かくきざんでおく。
- 生地用のコンポート・フィグ・オランジュは細かくきざんでおく。
- オレンジの皮はすりおろしておく。
- 型にベーキングシートを敷いておく。
- オーブンを165℃に予熱しておく。

1. ボウルに全卵を入れ、グラニュー糖、カソナードを加え、湯煎にかけて混ぜながら35～36℃に温める。
2. 別のボウルに無塩発酵バターを入れ、泡立て器で混ぜてポマード状にする。
3. ②に4～5回に分けて①を加え、1回ごとになめらかな状態になるまでヘラで混ぜる。
4. 薄力粉、ベーキングパウダー、カカオパウダーを加え、粉けがなくなるまでヘラで底から返すようにして混ぜる。
5. きざんだチョコレート、コンポート・フィグ・オランジュ、すりおろしたオレンジの皮を加え、ヘラで均一に混ぜる。
6. 準備した型に生地を290gずつ流す。
7. コルネにポマード状にした無塩バターを入れ、生地の中央に1本細く絞る。
8. 上火165℃・下火165℃のオーブンで約45分間焼成する。
9. 焼きあがったらすぐに型と紙をはずし、コンポート・フィグ・オランジュの漬け汁を刷毛で全面に打つ。
10. 網にのせてグラサージュ・ショコラをかけ、固まらないうちにコンポート・フィグ・オランジュとオレンジスライスコンフィを飾る。

Point

*生地にチョコレートを加えると生地が締まって固くなるため、ココア生地にきざんだチョコレートを混ぜて風味を表現。最後にシロップを打って、チョコレート菓子らしいしっとりとした食感に仕上げる。
*空気を含みすぎないようにヘラで混ぜる。
*生地の上に無塩バターを絞ってから焼くと、表面にきれいな割れ目ができる。

ケーク ショコラ フィグ ダプリコ

パティスリー ユウ ササゲ

噛みしめるほどに、カカオの力強い香りと苦みが広がる
どっしりと濃厚な味わいのケーク ショコラ。
ワインに漬け込んだドライイチジクとアプリコットの
フルーティーな甘みが、味わいに奥行きをもたらす。

材料（17cm×5cm×高さ6cmの型20台分）

- 無塩バター　528g
- 粉糖　844g
- 全卵　18個
- アーモンドパウダー　580g
- チョコレート（カカオ分65%）　704g
- 薄力粉　492g
- ベーキングパウダー　12g
- カカオパウダー　88g
- イチジクコンポート*1　500g
- アプリコットコンポート*2　500g

仕上げ用
- アプリコットブランデー風味のシロップ*3　400g
- アプリコットジャム*4　適量
- イチジクコンポート*1　適量
- アプリコットコンポート*2　適量

*1 イチジクコンポートのつくり方
鍋に赤ワイン1800g、グラニュー糖1000g、シナモンスティック2本、レモンゼスト1個分、オレンジゼスト2個分を入れてひと煮立ちさせる。汁に浸けたまま冷ます。

*2 アプリコットコンポートのつくり方
鍋に白ワイン1800gとグラニュー糖1000gを入れて加熱し、沸騰したらドライアプリコット4000gを加えてひと煮立ちさせる。汁に浸けたまま冷ます。

*3 アプリコットブランデー風味のシロップのつくり方
アプリコットブランデー200gにボーメ30°のシロップ200gを混ぜる（ボーメ30°のシロップは、水100gにグラニュー糖135gを加えて沸騰させる）。

*4 アプリコットジャムのつくり方
鍋にアプリコットジャムと水各適量を入れて加熱し、ぬりやすい濃度になるまで煮詰める。

下準備

- 無塩バターは常温にもどしておく。
- 粉糖はふるっておく。
- 全卵は常温にもどしておく。
- チョコレートは湯煎または電子レンジで溶かし、35℃程度に調整しておく。
- 薄力粉、ベーキングパウダー、カカオパウダーは合わせてふるっておく。
- 生地用のイチジクコンポート、アプリコットコンポートは粗みじん切りにしておく。
- 型ぬり用バター（分量外。無塩バター9：強力粉1の割合で合わせたもの）を型にぬり、強力粉（分量外）をふって余分な粉を落としておく。
- オーブンを165℃に予熱しておく。

---

1. ポマード状にした無塩バターをミキサーボウルに入れ、粉糖を加えて低速でなじむまで撹拌する。
2. ときほぐした全卵の半量を数回に分けて①に加え、そのつどなめらかになるまで低速で混ぜる。
3. アーモンドパウダーを加えて低速で混ぜる。
4. 残りの全卵を数回に分けて加え、そのつどなめらかになるまで低速で混ぜる。
5. 溶かしたチョコレートを加え、低速で混ぜ合わせる。
6. 薄力粉、ベーキングパウダー、カカオパウダーを加えて低速で混ぜる。
7. 粉けが残っているうちに、きざんだイチジクとアプリコットのコンポートを加え混ぜる。
8. ボウルをミキサーからはずし、ヘラで底から返すようにして均一に混ぜる。
9. 準備した型に生地を260gずつ流し、型の底を手で軽くたたいてならす。
10. 上火165℃・下火165℃のオーブンで約50分間焼成する。
11. 焼きあがったらすぐに型をはずし、網にのせて粗熱をとる。
12. アプリコットブランデー風味のシロップを1台につき20g、刷毛で上面と側面に打つ。
13. 上面にアプリコットジャムをぬる。仕上げ用のイチジクとアプリコットのコンポートを飾り、上からアプリコットジャムをぬってつやを出す。

Point

*卵の配合量が多い生地のため、卵液をバターに加え混ぜる途中でアーモンドパウダーを加えて水分の吸収力を高め、分離を防ぐ。
*カカオ分65%のチョコレートとカカオパウダーを加えて、チョコレートの香り、苦みの強いしっかりとした味わいの生地に仕上げる。

アーモンドチョコレートケーキ
エイミーズ・ベイクショップ

ケイク ショコラ フロマージュ ブルー

リベルターブル

アーモンドチョコレートケーキ

エイミーズ・ベイクショップ

コーヒーとシナモンの香りが豊かにただよう、ほろっとした食感の生地には
アーモンドパウダーを加え、しっとり感と風味を添える。
油脂にはバターを使い、サワークリームを加えて軽さをプラス。
生地の中にカカオ風味のクリームとチョコレートチップを入れて
風味と食感のアクセントをつけ、食べ手を飽きさせない仕立てに。

材料（18cm×8cm×高さ8cmの型2台分）

- 無塩バター 300g
- ブラウンシュガー 240g
- 全卵 4個
- バニラエキストラクト 小さじ1
- A
  - 中力粉 220g
  - アーモンドパウダー 120g
  - ベーキングパウダー 小さじ1
  - 重曹 小さじ1/2
  - シナモンパウダー 大さじ1
  - コーヒー粉末 大さじ1
- サワークリーム 230g
- チョコレートチップ 120g
- カカオクリーム* 20g

*カカオクリームのつくり方
粉糖100g、カカオパウダー30g、生クリーム100gを鍋に入れ、泡立て器で混ぜながら加熱して、クリーム状にする。

下準備

- 無塩バターは常温にもどしておく。
- 全卵は常温にもどしておく。
- 材料Aは合わせてふるっておく。
- 型に無塩バターをぬり、中力粉をふって余分な粉を落としておく（ともに分量外）。
- オーブンを180℃に予熱しておく。

つくり方

1. 無塩バターをボウルに入れてほぐし、ブラウンシュガーを加えてハンドミキサーの中速〜高速で白っぽくなるまで混ぜる。
2. 全卵とバニラエキストラクトを加え、低速で混ぜてしっかりと乳化させる。
3. Aの半量を加え、中速で混ぜ合わせる。
4. サワークリームを加え、中速でさらに混ぜ合わせる。
5. Aの残りを加え、つやが出るまで中速で混ぜ合わせる。
6. 別のボウルにチョコレートチップとカカオクリームを入れ、ヘラで混ぜ合わせる。
7. 準備した2台の型に⑤の生地の1/5量を流し入れ、⑥をスプーンで平らに広げる。⑤の残りを流し入れる。
8. 180℃のオーブンで約48分間焼成する。
9. 焼きあがったらすぐに型をはずし、網にのせて冷ます。

Point

*カカオクリームと合わせるチョコレートチップは、焼成しても溶けない焼き込み用のもので、ビタータイプを使用する。食感と風味のアクセントになる。

ケイク ショコラ フロマージュ ブルー

リベルターブル

土の香りを思わせる力強いチョコレートに、ピリリと刺激的なブルーチーズ。
個性的な2つの素材が溶け合い、心躍るハーモニーを奏でる。
独創的な味わいのケーキは甘み、塩け、苦みのバランスが絶妙。
複雑な味わいをひとつにまとめあげるのは、ヘーゼルナッツのこくと香り。
たっぷりとアンビベしたシェリー酒が、深い余韻をもたらす。

材料（24cm×5.5cm×高さ6.5cmの型3台分）

- 粉糖 155g
- 全卵 140g
- 薄力粉 95g
- ベーキングパウダー 5g
- カカオパウダー 20g
- ヘーゼルナッツパウダー 20g
- チョコレート（カカオ分70%）50g
- ブルーチーズA 45g
- 無塩バター 155g
- ブルーチーズB 45g

仕上げ用
- アンビバージュ*1 適量
- グラス・ア・ロー*2 適量

*1 アンビバージュのつくり方
水50gとグラニュー糖30gを合わせて沸騰させ、40℃まで冷ましてシェリー酒40gを加え混ぜる。

*2 グラス・ア・ローのつくり方
シェリー酒30gと粉糖50gを合わせてよく溶かし、カカオパウダー適量を加えて混ぜる。

下準備
- 全卵は常温にもどしておく。
- 薄力粉、ベーキングパウダーは合わせてふるっておく。
- カカオパウダーはふるっておく。
- チョコレートは粗くきざんでおく。
- ブルーチーズA、Bは1cm角にカットしておく。
- 無塩バターは溶かして、45℃程度に調整しておく。
- 型に型ぬり用バター（分量外。無塩バター4：強力粉1の割合で合わせたもの）をぬっておく。
- オーブンを180℃に予熱しておく。

作り方

1. 粉糖と全卵をミキサーボウルに入れ、ホイッパーでなめらかになるまで低速で混ぜる。
2. 薄力粉とベーキングパウダーを加え、低速で混ぜる。
3. カカオパウダー、ヘーゼルナッツパウダーを加え、なめらかになるまで低速で混ぜる。
4. きざんだチョコレートとブルーチーズAを加えて低速で混ぜる。
5. ④を撹拌しながら、溶かした無塩バターを少しずつ加え、つやのあるなめらかな状態になるまで低速で混ぜる。
6. ミキサーからボウルをはずし、ヘラで底から返すようにして均一に混ぜる。
7. 準備した型に均等に生地を流し、型の底を作業台に軽く打ちつけて生地をならす。
8. 上面の中央に15gずつブルーチーズBを並べる。
9. 上火180℃・下火180℃のオーブンで約40分間焼成する。
10. 焼きあがったら型をはずし、熱いうちに上面と側面に刷毛でアンビバージュを打つ。網にのせて冷ます。
11. 上面と側面にグラス・ア・ローを刷毛でぬる。180℃のオーブンに1～2分間入れて、グラス・ア・ローを乾かす。

Point
*チョコレートは個性的で力強い風味をもつカカオ分70%のコロンビア産を使用。
*カカオパウダーを加える生地は卵の気泡が消えやすいため、粉糖と全卵を白っぽくなるまでしっかり混ぜておく。
*溶かしバターは毎回同じ温度に調整し、少しずつたらしながら生地に混ぜ込む。こうすることで、しっとりとした食感の生地に仕上がる。

ケーク オ キャラメル

パティスリー ユウ ササゲ

アカシエ

ケーク オ キャラメル

パティスリー ユウ ササゲ

キャラメルのこうばしさとブラウンシュガーの豊かなこくが
じんわり広がる、どこかなつかしい味わいのケーク。
余計な飾りを排したシンプルな仕立てが、
しっとり、なめらかな生地のおいしさをきわだたせる。

材料（17cm×5cm×高さ6cmの型20台分）

- 無塩バター　1020g
- ブラウンシュガー　748g
- 全卵　952g
- 薄力粉　848g
- アーモンドパウダー　612g
- ベーキングパウダー　15.6g
- キャラメルベース[*1]　408g
- 水アメ　340g
- 生クリーム（乳脂肪分35％）　340g
- バニラペースト　16g
- キャラメルシロップ[*2]　300g

[*1] キャラメルベースのつくり方
鍋にグラニュー糖300gと水アメ15g、適量の水を入れて加熱し、キャラメルをつくる。沸騰した生クリーム（乳脂肪分42％）255gを加えて混ぜる。シノワで漉し、ハンドミキサーで撹拌して均一になめらかな状態にする。

[*2] キャラメルシロップのつくり方
鍋にグラニュー糖112gと適量の水を入れて加熱し、キャラメルをつくる。ボーメ30°のシロップ112g、水112gを加え混ぜ、冷ます（ボーメ30°のシロップは、水100gにグラニュー糖135gを加えて沸騰させる）。

下準備

- 無塩バターは常温にもどしておく。
- 全卵は常温にもどしておく。
- 薄力粉、アーモンドパウダー、ベーキングパウダーは合わせてふるっておく。
- 型ぬり用バター（分量外。無塩バター9：強力粉1の割合で合わせたもの）を型にぬり、強力粉（分量外）をふって余分な粉を落としておく。
- オーブンを165℃に予熱しておく。

---

1. ポマード状にした無塩バターをミキサーボウルに入れ、ブラウンシュガーを加えて低速でなじむまで撹拌する。
2. ときほぐした全卵を数回に分けて①に加え、そのつどなめらかになるまで低速で撹拌する。
3. 薄力粉、アーモンドパウダー、ベーキングパウダーを加えて低速で混ぜる。
4. キャラメルベース、水アメ、生クリーム、バニラペーストを合わせて35℃に温め、③に加えて混ぜる。
5. ミキサーからボウルをはずし、ヘラで底から返すようにして均一に混ぜる。
6. 口径10mmの丸口金をつけた絞り袋に生地を入れ、準備した型に260gずつ絞る。型の底を手で軽くたたいて生地をならす。
7. 上火165℃・下火165℃のオーブンで約50分間焼成する。
8. 焼きあがったらすぐに型をはずし、網にのせて粗熱をとる。
9. キャラメルシロップを15gずつ、刷毛で上面と側面に打つ。

Point

*キャラメルベースは生地の風味づけのほか、クリームに加えて生菓子に使うなど、用途が幅広い。冷蔵で約1ヵ月間保存可能。
*分離を防ぐため、バターは22～25℃にもどし、やわらかいポマード状にしておく。
*きめ細かく、しっとりとした生地に仕上げるため、ミキサーを使用する際は空気を含ませすぎないように低速で撹拌する。

キャトル キャール ブルトン

アカシエ

香り高い発酵バター、まろやかな塩けのフルール・ド・セル、
ミネラル豊富でこくのあるカソナード……。
シンプルな素材がそれぞれのもち味を高め合い、
心なごむおいしさを生む、滋味豊かな定番ケーク。

材料（17.7cm×5.5cm×高さ5cmの型4台分）

- 無塩発酵バター 276g
- 全卵 276g
- カソナード 338g
- フルール・ド・セル 11g
- 中力粉（フランス産小麦粉） 232g
- ベーキングパウダー 3g
- 無塩バター 適量
- キャラメル風味のフォンダン*1 適量
- クランブル*2 適量

*1 キャラメル風味のフォンダンのつくり方
鍋でグラニュー糖108gを加熱し、キツネ色になったら生クリーム180g、水アメ72gを少しずつ加えて106℃まで煮詰める。火からおろして80℃以下になったらミルクチョコレート30gを加えて60℃以下まで冷まし、無塩バター45gを加え混ぜる。これを適量のフォンダン（市販品）に加えて混ぜる。

*2 クランブルのつくり方
角切りにした無塩バター200g、カソナード200g、薄力粉180g、粗挽きのアーモンドパウダー200gをロボクープにかけ、ひとかたまりになったらビニールで包んでひと晩やすませる。1cm角にカットして天板に並べ、170℃のコンベクションオーブンで約15分間焼く。

下準備

- 無塩発酵バター、無塩バターは常温にもどしておく。
- 全卵は常温にもどしておく。
- 中力粉、ベーキングパウダーは合わせてふるっておく。
- 型にベーキングシートを敷いておく。
- オーブンを165℃に予熱しておく。

1 ボウルに無塩発酵バターを入れて泡立て器で混ぜ、ポマード状にする。
2 別のボウルに全卵を入れてときほぐし、カソナード、フルール・ド・セルを加え、湯煎にかけて混ぜながら35〜36℃に温める。
3 ①に②を4〜5回に分けて加え、1回ごとになめらかな状態になるまでヘラで混ぜる。
4 中力粉、ベーキングパウダーを加え、ヘラで底から返すようにして混ぜる。
5 粉けがなくなり、つやが出たら、準備した型に生地を250gずつ流す。
6 コルネにポマード状にした無塩バターを入れ、生地の中央に1本細く絞る。
7 上火165℃・下火165℃のオーブンで約45分間焼成する。
8 焼きあがったらすぐに型と紙をはずし、網にのせて冷ます。
9 キャラメル風味のフォンダンをかけ、乾かないうちにクランブルを飾る。

Point

*分離を防ぐため、バターは24〜25℃にもどし、ポマード状に。全卵は湯煎にかけて35〜36℃に温める。このとき、全卵に加えたカソナードとフルール・ド・セルをしっかり溶かしておく。
*空気を含みすぎないようにヘラで混ぜる。
*表面にきれいな割れ目をつくるため、生地の上に無塩バターを細く絞って焼成する。

ケーク マロン

ノリエット

ケーク カフェ ノワ

メゾン・ド・プティ・フール

ケーク マロン

ノリエット

マロンペースト入りのしっとりとした生地の中には、
ラム酒漬けのマロングラッセとチョコレート。
クリのまろやかな風味をラム酒がきりりと引き締め、
味わいに奥行きをもたらす。表面のアーモンドの食感も楽しい1品。

材料（20cm×5.5cm×高さ4.5cmの型10台分）
- 無塩バター　450g
- グラニュー糖A　120g
- 塩　2g
- マロンペースト*1　600g
- 卵黄　180g
- 牛乳　210g
- 中力粉（フランス産小麦粉）　550g
- ベーキングパウダー　3g
- マロングラッセのラム酒漬け*2　400g
- チョコレート（カカオ分50%）　100g
- 卵白　180g
- グラニュー糖B　240g

仕上げ用
- アプリコットジャム*3　適量
- グラス・ア・ロー*4　適量
- マロングラッセ　適量
- 木の葉クッキー*5　適量
- アーモンド　適量
- バニラビーンズ　5本

*1 マロンペーストは、フランス産パート・ド・マロンとピュレ・ド・マロンを1:1で合わせたもの。

*2 マロングラッセのラム酒漬けのつくり方
マロングラッセ・ブロークンをひたひたのラム酒に2週間以上漬け込む。汁けをきって使用する。

*3 アプリコットジャムのつくり方
1 グラニュー糖350gにペクチン10gをよく混ぜ合わせる。
2 アプリコットピュレ460gを鍋に入れて火にかける。
3 ②が沸騰したら①を加え混ぜ、糖度68°まで煮詰める。

*4 グラス・ア・ローのつくり方
適量の粉糖に水を少量ずつ加えて混ぜ、刷毛でぬれる固さにする。

*5 木の葉クッキーのつくり方
- 無塩バター　450g
- 粉糖　350g
- 全卵　165g
- 薄力粉　710g
- ベーキングパウダー　2.5g
- 塩　2g

つくり方
1 ポマード状にした無塩バターに粉糖をすり混ぜる。
2 ときほぐした全卵を4～5回に分けて加え、1回ごとによく混ぜ合わせる。
3 合わせてふるっておいた薄力粉とベーキングパウダー、塩を加えて、切るようにして混ぜる。
4 ひとつにまとめ、冷蔵庫でひと晩やすませる。
5 厚さ2mmにのばし、木の葉型でぬき、葉脈の線を入れる。
6 天板に並べ、上火170℃・下火170℃のオーブンで約13分間焼く。

1. ポマード状にした無塩バターにグラニュー糖A、塩を加えてよく混ぜる。
2. マロンペーストを加え、全体がなじんでなめらかになるまで混ぜる。
3. ときほぐした卵黄を3～4回に分けて加え、1回ごとにしっかり混ぜる。
4. 牛乳を加え混ぜ、中力粉、ベーキングパウダーを加えて底から返すようにして混ぜる。
5. 粉けが残っているうちにマロングラッセのラム酒漬けときざんだチョコレートを加え、粉けがなくなるまで混ぜる。
6. 卵白にグラニュー糖Bを加え、角がピンと立つくらいに泡立てる。
7. ⑥のメレンゲを⑤に加え、よく混ぜる。
8. 溶かしバターをぬってアーモンドスライスを貼りつけた型に生地を300gずつ流し、作業台に型の底を軽く打ちつけて生地をならす。
9. 上火180℃・下火180℃のオーブンで約30分間焼成する。
10. 焼きあがったらすぐに型をはずして底面を上にして網にのせ、粗熱をとる。
11. アプリコットジャムを表面に薄くぬり、グラス・ア・ローを刷毛で均一にぬる。マロングラッセ、木の葉クッキー、アーモンド、2等分したバニラビーンズを飾り、180℃のオーブンに1分間ほど入れて、グラス・ア・ローを乾かす。

下準備
- 無塩バターは常温にもどしておく。
- 卵黄は常温にもどしておく。
- 中力粉、ベーキングパウダーは合わせてふるっておく。
- チョコレートはきざんでおく。
- 型に溶かしバター（無塩バター。分量外）をぬり、アーモンドスライス（分量外）を全体に貼りつけておく。
- オーブンを180℃に予熱しておく。

Point
*生地の濃厚な風味をよりおいしく味わってもらうため、通常のパウンド型より細身の型を使用。エッジの立ったすっきりとした形に焼きあげ、マロングラッセ、クッキーなどをデコレーションして仕上げる。
*マロングラッセのラム酒漬けは、マロングラッセが溶けて沈殿した部分を使うと、よりラム酒の風味の強い仕上がりとなる。

ケーク カフェ ノワ

メゾン・ド・プティ・フール

米粉を配合し、歯切れよく仕上げたコーヒー風味の生地に、
キャラメルをからめたクルミを合わせてアクセントに。
焼成途中にのせたアパレイユが溶けて生み出される
ごつごつとした無骨な表情もまた、焼き菓子ならではの魅力。

材料（14.5cm×7cm×高さ6.5cmの型2台分）

パータ・ケーク・カフェ・ノワ
- 無塩バター　160g
- グラニュー糖　127g
- 全卵　125g
- 粉末コーヒー　10g
- 湯　5g
- 薄力粉　68.5g
- 米粉　68.5g
- ベーキングパウダー　2.7g

アパレイユ・ノワ（つくりやすい分量）
- 牛乳　100g
- 生クリーム（乳脂肪分35%）　100g
- グラニュー糖　100g
- ハチミツ　50g
- 塩　3g
- 水アメ　100g
- 無塩バター　25g
- クルミ　200g

下準備
- 無塩バターは常温にもどしておく。
- 全卵は常温にもどしておく。
- 粉末コーヒーは5gの湯で溶かしておく。
- 薄力粉、米粉、ベーキングパウダーは合わせてふるっておく。
- クルミは軽くローストする。
- 型にベーキングシートを敷いておく
- オーブンを170℃に予熱しておく。

パータ・ケーク・カフェ・ノワ

1. ボウルに無塩バターを入れ、ポマード状になるまで泡立て器で混ぜる。
2. ①にグラニュー糖を加え、なめらかになるまですり混ぜる。
3. ときほぐした全卵を3～4回に分けて②に加え、そのつどなめらかになるまで混ぜる。
4. 湯で溶いた粉末コーヒーを加え混ぜる。
5. 薄力粉、米粉、ベーキングパウダーを加え、粉けがなくなり、なめらかになるまで底から返すようにして混ぜる。

アパレイユ・ノワ

1. 鍋に牛乳、生クリーム、グラニュー糖、ハチミツ、塩、水アメを入れ、107℃まで煮詰める。
2. ①に無塩バターを加えて溶かし、クルミを加えてからめる。
3. バットに広げて冷ます。

組立て・仕上げ

1. パータ・ケーク・カフェ・ノワを絞り袋に入れ、準備した型に140gずつ絞る。
2. アパレイユ・ノワ50gを1本の棒状にして、①の上に重ねる。
3. パータ・ケーク・カフェ・ノワを140gずつ絞る。型の底を作業台に軽く打ちつけて生地をならす。
4. 上火170℃・下火170℃のオーブンで約30分間焼成する。
5. いったんとり出して、アパレイユ・ノワ20gを1本の棒状にして上面にのせ、さらに約30分間焼成する。
6. オーブンから出してすぐに型と紙をはずし、網にのせて冷ます。

Point

* 食感のしっかりとした「噛んで味わうケーク」に仕上げるため、生地には極力、空気を含ませない。そのため、バターは20℃程度にもどしてポマード状にしてから、グラニュー糖をすり混ぜる。

* 噛みしめると粉のうまみが感じられ、なおかつ歯切れのよい生地に仕上げるため、薄力粉と米粉を1:1で配合する。

マロン、チョコレート、ヘーゼルナッツ。
秋色の素材が美しい文様を描き、
重層的な味わいを生む。
いくつもの風味、食感が響き合い、
口の中でひとつに溶ける
ぜいたくなケーク。

テリーヌ ドートンヌ
メゾン・ド・プティ・フール

材料（23.5cm×7.5cm×高さ7cmのテリーヌ型2台分）

パート・ショコラ・マロン
- 無塩バター 93g
- 粉糖 71g
- チョコレート（カカオ分65％） 73g
- 全卵 93g
- 生クリーム（乳脂肪分43％） 37g
- 薄力粉 42g
- 米粉 18g
- ベーキングパウダー 1.8g

パート・キャラメル・オランジュ
- 無塩バター 72g
- 上白糖 57g
- 全卵 56g
- ソース・キャラメル*1 26g
- 薄力粉 43g
- 米粉 18g
- ベーキングパウダー 0.7g
- オレンジコンフィ（3mm角） 170g

*1 ソース・キャラメルのつくり方
1 鍋にグラニュー糖135g、水アメ60gを入れて加熱し、キャラメル状にする。
2 別の鍋に生クリーム（乳脂肪分35％）142g、転化糖60g、バニラエキストラクト7gを入れて沸騰寸前まで加熱する。
3 ①に②を加え、混ぜ合わせる。

パート・エピス
- 無塩バター 124g
- 上白糖 99g
- 全卵 97g
- 薄力粉 74g
- 米粉 30g
- ベーキングパウダー 1.8g
- シナモンパウダー 1.2g
- ナツメグパウダー 0.6g
- クローヴパウダー 0.6g

組立て・仕上げ用
- マロンのシロップ漬け 適量
- ノワゼット・キャラメリゼ*2 適量
- セミドライプルーン 適量
- パート・フィロ 4枚
- ラム酒 適量

*2 ノワゼット・キャラメリゼのつくり方
鍋にグラニュー糖57g、水10gを入れて107℃まで煮詰める。ホールの皮むきヘーゼルナッツ250gを加えて混ぜる。弱火にかけてキャラメル色になるまで加熱し、無塩バター12gを加えて混ぜる。バットに広げて冷ます。

下準備
- 無塩バターは常温にもどしておく。
- チョコレートは粗くきざみ、湯煎にかけて溶かしておく。
- 全卵は常温にもどしておく。
- パート・ショコラ・マロンとパート・キャラメル・オランジュは、それぞれ薄力粉、米粉、ベーキングパウダーを合わせてふるっておく。
- パート・エピスは薄力粉、米粉、ベーキングパウダー、スパイス類を合わせてふるっておく。
- パート・フィロを型のサイズに合わせてカットしておく。
- 型にベーキングシートを敷いておく。
- オーブンを170℃に予熱しておく。

パート・ショコラ・マロン

1. 無塩バターを泡立て器で混ぜてポマード状にし、粉糖を加えてなめらかになるまですり混ぜる。
2. 溶かしたチョコレートを30℃程度の温度に調整して加え混ぜる。
3. よくときほぐした全卵を3〜4回に分けて加え、そのつどムラなく混ぜる。
4. 生クリームを加えてなじむまで混ぜる。
5. ④に薄力粉、米粉、ベーキングパウダーを加え、粉けがなくなるまで泡立て器で底から返すようにして混ぜる。

パート・キャラメル・オランジュ

1. 無塩バターを泡立て器で混ぜてポマード状にし、上白糖を加えてなめらかになるまですり混ぜる。
2. よくときほぐした全卵を3〜4回に分けて加え、そのつどムラなく混ぜる。
3. ソース・キャラメルを加え、なじむまで混ぜる
4. 薄力粉、米粉、ベーキングパウダーを加え、泡立て器で底から返すようにしてさっくり混ぜる。
5. 粉けが残っているうちにオレンジコンフィを加え、全体が均一になめらかになるまで混ぜる。

パート・エピス

1. 無塩バターを泡立て器で混ぜてポマード状にし、上白糖を加えてなめらかになるまですり混ぜる。
2. よくときほぐした全卵を3〜4回に分けて加え、そのつどムラなく混ぜる。
3. 薄力粉、米粉、ベーキングパウダー、スパイス類を加え、泡立て器で底から返すようにして、粉けがなくなり、なめらかになるまで混ぜる。

組立て・仕上げ

1. 口径12mmの丸口金をつけた絞り袋にパート・ショコラ・マロンを入れ、準備した型に200gずつ絞る。
2. 生地の上にマロンのシロップ漬けを隙間なく2列に並べる。
3. パート・フィロをのせ、パート・キャラメル・オランジュを200gずつ絞る。
4. ノワゼット・キャラメリゼを隙間なく3列に並べる。
5. パート・フィロをのせ、パート・エピスを200gずつ絞る。
6. セミドライプルーンを中央に1列に並べる。
7. 型の底を作業台に軽く打ちつけて生地をならし、内側にベーキングシートを敷いたふたをする。ひと晩冷蔵庫でやすませる。
8. ⑦を上火170℃・下火170℃のオーブンで約90分間焼成する。
9. 熱いうちに型と紙をはずし、ラム酒を刷毛で上面と側面に打つ。網にのせて冷ます。

Point

- 生地が対流してマーブル状になるのを防ぐため、3種類の生地の間にパート・フィロを挟む。
- パート・フィロは乾燥しやすいので、ラップフィルムで包んでおき、使う枚数だけとり出す。
- 組み立て後ひと晩やすませると、フルーツのエキスがしみて生地が落ち着き、膨張しにくくなるため、層がきれいに仕上がる。

材料（17cm×5cm×高さ6cmの型10台分）

全卵	595g
無塩バター	498g
粉糖	498g
薄力粉	394g
アーモンドパウダー	389g
ベーキングパウダー	9.7g
アールグレイ・ファニングス	21g
フランボワーズのコンフィチュール*1	600g
ローズシロップ*2	300g
グラス・ア・ロー・フランボワーズ*3	適量

*1 フランボワーズのコンフィチュールのつくり方
1 グラニュー糖を125g用意し、少量をとり分けてペクチン6gを合わせておく。
2 冷凍フランボワーズ275g、①の残りのグラニュー糖、水アメ10gを鍋に入れてひと煮立ちさせる。
3 ②に①を加え、強火で糖度62°まで煮詰める。

*2 ローズシロップのつくり方
ボーメ30°のシロップ150gにローズリキュール150gを加えて混ぜる（ボーメ30°のシロップは、水100gにグラニュー糖135gを加えて沸騰させる）。

*3 グラス・ア・ロー・フランボワーズのつくり方
フランボワーズピュレ（10％加糖）25gとローズリキュール25gを合わせ、粉糖150gを加えて混ぜる。

下準備
- 全卵は常温にもどしておく。
- 無塩バターは常温にもどしておく。
- 薄力粉、アーモンドパウダー、ベーキングパウダーは合わせてふるっておく。
- フランボワーズのコンフィチュールは冷やしておく。
- 型ぬり用バター（分量外。無塩バター9：強力粉1の割合で合わせたもの）を型にぬり、強力粉（分量外）をふって余分な粉を落としておく。
- オーブンを165℃に予熱しておく。

シロップとグラス・ア・ローには、バラの花びらのエキスからつくられている「ミクロ リキュール ドローズ」を使用。

Point
* 分離するのを防ぐために全卵は30℃に温め、生地の温度を22〜25℃に保つ。
* コンフィチュールはコシを出すために強火で一気に炊きあげる。また、生地の上に絞る前に充分に冷やすことで、広がって生地に混ざるのを防ぐ。
* グラス・ア・ローは焼き色がつかないよう180℃で乾かす。

ケーク パルファン

パティスリー ユウ ササゲ

バラ、フランボワーズ、アールグレイティー。
3つの香りが重なり合う色鮮やかなケークは、
ガトーのスペシャリテをアレンジしたもの。
適切な温度管理で卵の多い生地をしっかり乳化させ、
ほろりと崩れるような、やさしい食感に仕上げる。

1	ときほぐした全卵を直火、または湯煎で30℃に温める。
 2	ポマード状にした無塩バターをミキサーボウルに入れ、粉糖を加えてビーターでなじむまで低速で撹拌する。
 3	①の全卵を5～6回に分けて②に加え、そのつどなじんでなめらかになるまで低速で撹拌する。
 4	全卵の温度が下がったときは温めなおして30℃に上げ、生地の温度を22～25℃に保つ。ボウルの温度が低く生地の温度が低下した場合は、外側からバーナーの火をあててボウルを温める。
 5	ボウルの側面についた生地をはらい、薄力粉、アーモンドパウダー、ベーキングパウダー、アールグレイ・ファニングスを加える。低速で均一になるまで混ぜる。
 6	ミキサーからボウルをはずし、ヘラで底から返すようにして均一に混ぜる。
 7	口径10mmの丸口金をつけた絞り袋に生地を入れ、準備した型に150gずつ絞る。型の底を手で軽くたたいて生地をならす。
 8	絞り袋にフランボワーズのコンフィチュールを入れ、30gずつ生地の中央に細長く絞る。
 9	⑧の上から、再度ケーキ生地を90gずつ絞り、型の底を手で軽くたたいてならす。
 10	上火165℃・下火165℃のオーブンで約45分間焼成する。焼きあがったらすぐに型をはずし、網にのせて粗熱をとる。
 11	粗熱がとれたら、刷毛でローズシロップを15gずつ全面に打つ。
 12	グラス・ア・ロー・フランボワーズを電子レンジで38～40℃に温め、刷毛で均一にぬる。180℃のコンベクションオーブンに2～3分間入れて、グラス・ア・ローを乾かす。

ケイク "ショート"
リベルターブル

誰もが大好きな「ショートケーキ」を大胆に再構築。
小麦粉の代わりにジェノワーズを加えた生地のサクッと軽い食べ心地、
イチゴのパート・ド・フリュイとフリーズドライイチゴの甘酸っぱさが、
記憶のなかに残る、ショートケーキの思い出を鮮やかによみがえらせる。

材料（24cm×5.5cm×高さ6.5cmの型3台分）

マッセ・ジェノワーズ
- 無塩バター　180g
- 粉糖　170g
- 全卵　100g
- アーモンドパウダー　55g
- サワークリーム　15g
- コーンスターチ　50g
- ジェノワーズ*1　150g
- フリーズドライイチゴ　適量
- アンビバージュ*2　適量

*1 ジェノワーズのつくり方
1 ときほぐした全卵240gと卵黄30gをボウルに入れ、上白糖225gを加える。湯煎にかけて40℃を保ちながら泡立て器で泡立てる。
2 ふるっておいた薄力粉175gを加えて、ヘラで底から返すようにして混ぜる。
3 無塩バター50g、ハチミツ12g、水アメ12g、水12gを合わせて電子レンジで溶かし、②に加えてつやが出るまでヘラで混ぜる。
4 型ぬり用バターをぬった直径15cmの丸型に流し、上火175℃・下火170℃のオーブンで約30分間焼く。

*2 アンビバージュのつくり方
水36gとグラニュー糖27gを合わせて沸騰させ、40℃まで冷ましキルシュ酒54g、イチゴ濃縮シロップ3gを加え混ぜる。

パート・ド・フリュイ・フレーズ
- イチゴピュレ　120g
- 赤スグリピュレ　20g
- 水アメ　35g
- グラニュー糖　150g
- ペクチン　3.5g
- クエン酸　6g

組立て・仕上げ用
- キルシュ酒風味のグラス・ア・ロー*3　適量
- フリーズドライイチゴ　適量
- 食用乾燥バラ　適量

*3 キルシュ酒味のグラス・ア・ローのつくり方
キルシュ酒30gと粉糖50gを混ぜ合わせる。

下準備
- 無塩バターは常温にもどしておく。
- 全卵は常温にもどしておく。
- ジェノワーズは粗めのふるいにかけておく。
- パート・ド・フリュイ・フレーズのペクチンとグラニュー糖の一部を合わせておく。
- クエン酸は水6g（分量外）を加えて溶かしておく。
- 型に型ぬり用バター（分量外。無塩バター4：強力粉1の割合で合わせたもの）をぬっておく。
- オーブンを180℃に予熱しておく。

小麦粉の代わりにジェノワーズを使用。ジェノワーズは前日に焼いて、ほろほろと崩れるくらいの生乾きの状態にしておく。

マッセ・ジェノワーズ

1. 無塩バターを扱いやすい大きさにカットしてミキサーボウルに入れ、ホイッパーで空気を含ませるように低速で撹拌する。
2. 粉糖を加え、低速で撹拌する。なじんだら中速にして、なめらかになるまで混ぜる。
3. 全卵を1個ずつ加え、そのつど、なめらかになじむまで低速で撹拌する。
4. アーモンドパウダーとサワークリームを加えてなめらかになるまで低速で混ぜ、その後、中速で撹拌して空気を含ませる。
5. コーンスターチを加え混ぜる。
6. ジェノワーズを⑤に加え、なめらかになるまで低速で撹拌する。
7. ミキサーからボウルをはずし、ヘラで底から返すようにして均一に混ぜる。
8. 準備した型に、半分の高さまで生地を流し、型の底を作業台に軽く打ちつけて生地をならす。
9. ⑧の上に顆粒状のフリーズドライイチゴをちらし、残りの生地を均等に流す。
10. 上火180℃・下火180℃のオーブンで約40分間焼成する。
11. 焼きあがったら型をはずし、熱いうちに上面と側面に刷毛でアンビバージュを打つ。網にのせて冷ます。

パート・ド・フリュイ・フレーズ

1. 鍋にイチゴピュレと赤スグリピュレ、水アメを入れて火にかけ、45℃になったら、グラニュー糖と合わせておいたペクチンを加えて泡立て器で混ぜる。
2. ①を1〜2分間煮立てて、残りのグラニュー糖を加え、よく混ぜる。
3. ②をBrix72%まで煮詰めて火を止める。
4. 水で溶かしたクエン酸を加え混ぜ、シルパットを敷いた型に厚さ約3mmに流して固める。

組立て・仕上げ

1. マッセ・ジェノワーズを上下に2等分する。
2. ケーキのサイズに合わせてカットしたパート・ド・フリュイ・フレーズを①の間に挟む。
3. キルシュ酒風味のグラス・ア・ローを表面に刷毛で均一にぬり、上面に顆粒状のフリーズドライイチゴ、食用乾燥バラを飾る。
4. 180℃のオーブンに1〜2分間入れて、グラス・ア・ローを乾かす。

Point
* 無塩バターは常温にもどしたあと、ポマード状にせず、固形のままミキサーで撹拌する。こうすることで、より多くの空気を含ませることができる。
* ジェノワーズは少ししっとり感が残る生乾きの状態にしてから粗めのふるいにかける。
* マッセ・ジェノワーズは、高速でミキシングするとバターが溶けて油っぽくなるため、低速〜中速で混ぜる。

アーモンドの風味豊かな生地に
黒トリュフの官能的な香りをプラス。
意外な組合せが、伝統菓子に
新しい息吹を吹き込む。

ケイク エコセ オ トリュフ ノワール

リベルターブル

材料（37cm×8cm×高さ5.5cmのトイ型5台分）

マッセ・アマンド
- 無塩バター　450g
- グラニュー糖　500g
- 全卵　500g
- アーモンドパウダー　500g
- 薄力粉　100g
- 黒トリュフ　50g
- トリュフオイル　25g

ダクワーズ・ショコラ
- 卵白　320g
- グラニュー糖　200g
- 薄力粉　120g
- アーモンドパウダー　320g
- カカオパウダー　50g

組立て・仕上げ用
- アーモンドダイス　適量

下準備
- 無塩バターは常温にもどしておく。
- 全卵は常温にもどしておく。
- マッセ・アマンドの薄力粉はふるっておく。
- 黒トリュフはみじん切りにしておく。
- ダクワーズ・ショコラの薄力粉とアーモンドパウダー、カカオパウダーは、それぞれふるって合わせておく。
- 厚紙を型の内のりと同じサイズにカットしておく。
- 型ぬり用バター（分量外。無塩バター4:強力粉1の割合で合わせたもの）を型にぬったのち、軽くローストしたアーモンドダイスを全体にふり、型を返して余分なアーモンドを落としておく。
- オーブンを180℃に予熱しておく。

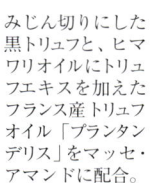

みじん切りにした黒トリュフと、ヒマワリオイルにトリュフエキスを加えたフランス産トリュフオイル「プランタンデリス」をマッセ・アマンドに配合。

リッチな配合のマッセ・アマンドとカカオパウダー入りのダクワーズ・ショコラを重ね、きざみアーモンドを表面に貼りつけて焼きあげるフランスの伝統菓子をアレンジした1品。

マッセ・アマンド

1 無塩バターを扱いやすい大きさにカットしてミキサーボウルに入れ、グラニュー糖を加え、ホイッパーで空気を含ませるように低速で撹拌する。なじんだら中速にして、なめらかになるまで混ぜる。

2 全卵を1個ずつ加え、そのつど、なめらかになじむまで低速で撹拌する。

3 ボウルの側面についた生地をはらい、アーモンドパウダーの半量を加えて低速で混ぜる。なじんだら、残りのアーモンドパウダーを加えて混ぜる。

4 アーモンドパウダーが均一に混ざったら、高速に切り替え、空気を含ませる。ミキサーからボウルをはずし、冷蔵庫に入れ、30分間ほど生地を締める（この間にダクワーズ・ショコラをつくる）。

5 冷蔵庫から④を出し、ミキサーにセットして低速〜中速で撹拌して、空気を充分に含ませる。薄力粉を加え、低速で混ぜる。

6 ⑤をボウルに移し、ヘラで底から返すようにして均一に混ぜる。きざんだ黒トリュフとトリュフオイルを加える。

7 ヘラで底から返すようにして混ぜてから、泡立て器に持ち替えて、均一になるまで混ぜる。

ダクワーズ・ショコラ

1 ミキサーボウルに卵白を入れ、ホイッパーで、低速で撹拌する。白っぽくなったら中速にして、きめ細かい気泡をつくる。

2 6分程度泡立ったら、高速で数十秒間撹拌してきめをととのえる。グラニュー糖を3回に分けて加えながら中速で混ぜる。

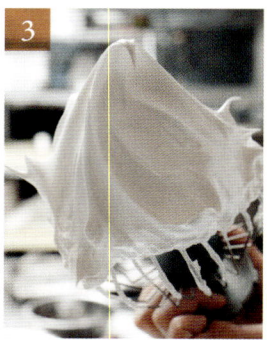

3 つややかで、しっかりと角の立つ状態まで泡立てる。

4 ミキサーからボウルをはずし、薄力粉とアーモンドパウダー、カカオパウダーを加え、ヘラで生地を底から返すようにして混ぜる。

組立て・仕上げ

1 ダクワーズ・ショコラを絞り袋に入れ、アーモンドダイスをちらした5台の型に均等に絞り入れる。

2 型の縁に向かってカードで生地を広げる。

3 カットしておいた厚紙を生地に沿ってすべらせ、厚みを均一にととのえる。

4 マッセ・アマンドを絞り袋に入れ、③の上に1本太く絞り入れる。

5 カードで型の縁に向かって生地を広げ、厚みを均一にととのえる。

6 型の縁に指をすべらせて余分な生地を除く。

7 ⑥を上火180℃・下火180℃のオーブンで約45分間焼成する。焼きあがったら、型の縁に沿ってナイフを少し入れて型をはずし、紙を敷いた網にのせて冷ます。

Point

＊無塩バターは扱いやすい大きさにカットし、固形の状態でミキサーで撹拌する。こうすることで、ポマード状にするよりも多くの空気を含ませることができる。

＊マッセ・アマンドはバターが溶けて油っぽくならないように低速〜中速で撹拌。最後に高速で数秒間撹拌して空気を含ませたあと、冷蔵庫で生地を締め、再度撹拌すると空気を含んだ軽い食感になる。

抹茶のケーキ
NOAKE TOKYO

抹茶風味の生地に、アーモンドプラリネとライスパフ入りの
ミルクチョコレートを挟んだオリジナルケーキ。
ねっとりとした生地とクリスピーなチョコレートの食感のコントラストがユニーク。
手土産や贈答品としての利用を意識して、金箔でゴージャスに仕上げた。

材料（13cm×6cm×高さ6cm大 8台分）
卵黄　300g
粉糖A　130g
卵白　450g
グラニュー糖　300g
無塩バター　225g
抹茶　50g
粉糖B　135g
アーモンドパウダー　135g
薄力粉　100g

組立て・仕上げ用
ミルクチョコレート　140g
アーモンドプラリネ　140g
ライスパフ　75g
煎茶　適量
金箔　適量

下準備
・無塩バターを湯煎で溶かし、抹茶を合わせておく。
・粉糖B、アーモンドパウダー、薄力粉は合わせてふるっておく。
・ミルクチョコレートは湯煎で溶かしておく。
・オーブンを150℃に予熱しておく。

1. 卵黄と粉糖Aをボウルに入れ、白っぽくなるまでよく混ぜる。
2. 卵白とグラニュー糖をミキサーボウルに入れ、高速で撹拌し、8分立てのメレンゲをつくる。
3. ①に②の1/3量を加えて混ぜ、溶かした無塩バターと抹茶を合わせる。
4. ③に粉糖B、アーモンドパウダー、薄力粉を加えてよく混ぜる。
5. ④に残りのメレンゲを加えてよく混ぜる。
6. 28cm角のカードル3台に生地を均等に流し、平らにのばす。
7. 150℃のオーブンで約25分間焼成する。焼きあがったらカードルをはずし、網にのせて冷ます。
8. 溶かしたミルクチョコレートにアーモンドプラリネとライスパフを加え混ぜる。
9. ⑦の生地の1枚に⑧の半量をぬり、その上に生地を1枚重ねて⑧の残りをぬる。残りの生地を重ねて上から板などで軽く押さえて形を平らにととのえる。
10. 冷凍庫で冷やし固めてから、13cm×6cmにカットする。上面に煎茶をふり、金箔を飾る。

Point
＊良質の宇治抹茶を使用し、ひと口で満足できるくらいの濃厚な味わいに。しっとりとした生地にアーモンドプラリネ、ライスパフ入りのチョコレートを挟んで食感にコントラストをつける。

キャラメル ポム
NOAKE TOKYO

リンゴをたっぷり2.5個分使用した、タルト・タタンのケーク・バージョン。
みずみずしいリンゴの食感や酸味を前面に出しつつ、
苦みのあるキャラメル、こうばしいクルミを合わせて
味わいと食感のバランスをとっている。

材料（18cm×7cm×高さ5cmのトイ型2台分）

無塩バター　75g
粉糖　110g
全卵　130g
アーモンドパウダー　30g
クルミパウダー　75g
薄力粉　55g
ベーキングパウダー　2g
リンゴのキャラメリゼ*1
　　（下記の分量でつくる）

ナパージュ　適量
クルミのキャラメリゼ*2
　（下記の分量でつくり、できあがりから10粒使用）

*1 **リンゴのキャラメリゼのつくり方**
リンゴ（紅玉）　5個
グラニュー糖　160g
無塩バター　30g

1 皮をむいて8等分にしたリンゴを天板に平らになるように並べる。
2 グラニュー糖を火にかけてキャラメルをつくり、リンゴにまんべんなくかける。
3 無塩バターをきざんで、②の上に8ヵ所くらいに分けて置く。
4 アルミホイルをかぶせ、150℃のオーブンで1時間〜1時間30分ほど、リンゴがやわらかくなるまで焼く。30分おきにオーブンからとり出して、リンゴから出た果汁とキャラメルを全体にまわしかける。
5 焼きあがったら粗熱をとり、ベーキングシートを敷いたブラック（24cm×17cm）に隙間なく並べる。
6 その上にベーキングシートを敷き、同じサイズのブラックをのせて軽く重しをして、冷凍する。

*2 **クルミのキャラメリゼのつくり方**
クルミ　200g
グラニュー糖　110g
水　20g
水アメ　10g

1 クルミを天板に並べ、120℃のオーブンでときどきかき混ぜながら、約20分間ローストする。
2 鍋にグラニュー糖と水、水アメを入れて火にかけ、120℃まで煮詰める。泡が大きくなったら、①のクルミを入れ、勢いよくかき混ぜてシロップを全体にからめ、クルミのまわりに砂糖の結晶をつくる。
3 さらにクルミを混ぜ続けて、キャラメリゼする。

下準備
・無塩バターは常温にもどしておく。
・全卵は常温にもどしておく。
・薄力粉、ベーキングパウダーは合わせてふるっておく。
・オーブンを170℃に予熱しておく。

24cm×17cmのブラックに敷き詰め、冷凍庫に入れて板状に固めたリンゴのキャラメリゼ。これを半分にカットして、型に詰める。

1. フードプロセッサーに無塩バター、粉糖を入れ、ざっくりと撹拌する。

2. 全卵を加えながら、混ぜ合わせる。

3. アーモンドパウダー、クルミパウダー、薄力粉、ベーキングパウダーを加えて、撹拌。混ぜすぎないように、ざっくり合わせるのがポイント。材料をすべて常温にしておくと、失敗がない。

4. 冷凍しておいたリンゴを2等分（約17cm×12cm）にカットしてベーキングシートにのせ、ベーキングシートにのせたまま型に敷き詰める。

5. ④に③の生地を流し入れる。

6. 170℃のオーブンで40分間焼成する。

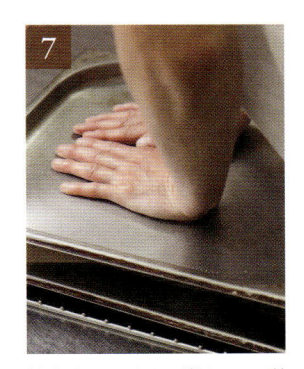

7. 焼きあがったら、膨らんで型からはみ出た生地を上から天板で押さえ、生地中の余分な空気をぬきつつ、形をととのえる。

8. 30分間ほど室温に置き、粗熱がとれたら型の上下を返してしばらく室温に置く。

9. 生地が完全に冷めたら、型と紙をはずす。

10. 表面にナパージュをぬり、クルミのキャラメリゼをバランスよく飾り、ケーキの両端を切り落として形をととのえる。

Point
*リンゴは、香りが高く、しっかりとした酸味がある紅玉をできる限り使用する。
*油脂分を含むアーモンドパウダー、クルミパウダーを多く配合しているので、粘りが出ないように、生地は混ぜすぎず、ざっくり合わせるようにする。

ケーク オランジュ　P.14

パティスリー
ユウ ササゲ

「地味な印象のものが多い焼き菓子のなかで、ケークは華やかさを訴求できるところが魅力」と捧雄介さん。冷蔵ショーケース内で映えるように、色合いや使う素材を工夫してデコレーションし、店頭では生菓子と並べてディスプレーしている。

ケーク ショコラ フィグ ダプリコ　P.71

ケーク シュクレ
デザイン・バリエーション

パティスリーの商品のなかでは地味な印象だったケークが今、華やかな菓子に変身！　フルーツを大胆に盛りつけてフレッシュ感を演出したり、カラフルなグラサージュで軽やかな見た目に仕立てたり、ケークはデザイン面でも進化しています。

アカシエ

ケーク オ フリュイ　P.29

ケーク シトロン　P.24

焼き色や質感の温かみを大切にしている興野燈さんは、バターを生地の中央に1本絞ってから焼成し、きれいな割れ目をつくってデコレーション。「中に使用している素材を飾ることにより、風味の特徴をアピールしている」という。

ケーク ショコラ フィグ オランジュ　P.70

リベルターブル

スタイリッシュで都会的なイメージを追求し、焼き型は細めのタイプを選択。「記憶に残るケーキを提供するため、デコレーションの際は見た目の美しさと風味の重なりを考え、素材使いや食感、香りで個性を演出している」と森田一頼さん。

ケイク フュメ フィグ エ ノワ　P.50

ケイク ショコラ フロマージュ ブルー　P.75

ケイク "ショート"　P.90

メゾン・ド・プティ・フール

ケーク オ テ シトロン　P.21

シシリエンヌ　P.45

ショコラ オランジュ　P.66

素朴なテクスチャーのケーキや、生地とドライフルーツなどの素材が美しい層をなす「テリーヌ」など、多彩な商品を提案する西野之朗さん。デコレーションは基本的に中身と同じ素材を使い、一体感を楽しむ仕立てに。

ノリエット

熟成させて味わう昔ながらのケークは伝統的な型、味わいの濃いオリジナルケークは細身の型と焼き型を使い分け、個性をきわだたせている永井紀之さん。アントルメのように華やかなデコレーションを施した細身のケークはギフト用に人気。

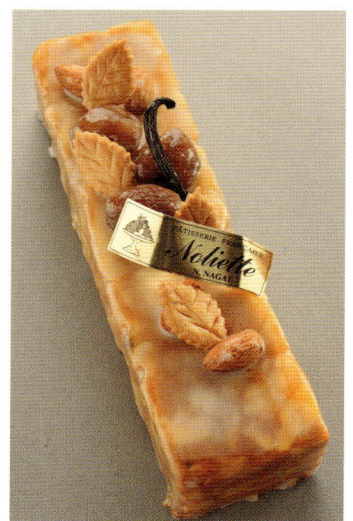

ケーク ミエル シトロン　P.20

ケーク アングレーズ　P.28

パティスリー・ドゥ・シェフ・フジウ

ショコラ ドゥーブル　P.63

ケーク マロン　P.82

ウィークエンド アナナ　P.17

ウィークエンド ショコラ　P.62

フランス菓子の伝統を大切にする藤生義治さんは、オーブンの熱が生む自然な表情を生かしたケークを提供。小ぶりの型で焼く「ウィークエンド」のほか、円形の型で焼く「キュンメル」「ガトーラカム」などの古典菓子も揃える。

エイミーズ・ベイクショップ

素朴でシンプル、合理的なアメリカンケーキの伝統を守りながらも、センスの光る吉野陽美さんのデコレーション。深めの型を用い、アメリカ菓子らしい厚みと大きさに仕上げている。型に紙を敷かないのは、角をシャープに出すためのこだわり。

キャロットケーキ　P.52

アーモンドチョコレートケーキ　P.74

NOAKE TOKYO
ノアケ　トウキョウ

プランタニエ 苺のケーク　P.44

抹茶のケーク　P.96

手土産や贈答に利用されるケースが多いので、デコレーションケーキのような、驚きのあるデザインを心がけていると話す田中伸江さん。中に仕込んだ素材を表面に飾るなど、ケーキの味を見た目でもアピールしている。

キャラメルポム　P.98

ケーク サレ

「サレ」はフランス語で「塩味」の意味。チーズや野菜を混ぜたケーク サレは、フランスでは日常的な家庭料理です。だからこそ、エスカルゴなどのフランス風の具材を加えたり、逆に身近な和素材をとり入れたり、アレンジは自在。12品のユニークな塩味ケークを紹介します。

CAKES SALÉS

材料（10cm×6cm×高さ8cmの型4台分）

無塩バター　170g
自家製タン・プール・タン*1　350g
全卵　40g
卵黄　60g
卵白　110g
グラニュー糖　40g
スパイスミックス*2　適量
セミドライトマト　75g
種なし黒オリーヴ　45g
種なし緑オリーヴ　45g
薄力粉　60g
強力粉　60g
クリームチーズ　90g

*1 自家製タン・プール・タンは、アーモンドパウダーと粉糖各175gを混ぜ合わせたもので代用できる。
*2 スパイスミックスは、塩20g、ナツメグ5g、クミン5g、バジル5g、コショウ5gを配合し、適量を使用。

下準備
・無塩バターは常温にもどしておく。
・全卵と卵黄は混ぜておく。
・セミドライトマトは、ニンニクの風味がついた製品を使用。ひと口大にカットしておく。
・種なしオリーヴ（黒、緑）は汁けをきり、半割にしておく。
・薄力粉、強力粉は合わせてふるっておく。
・クリームチーズは1cm角にカットして冷凍しておく。
・型にベーキングシートを敷いておく。
・オーブンを180℃に予熱しておく。

ケーク サレ

パティスリー・ドゥ・シェフ・フジウ

タン・プール・タンを加えた、さっくりとした食感のウィークエンド生地に、セミドライトマトやオリーヴ、クリームチーズを練り込んだ、"甘じょっぱさ"がくせになるケーク サレ。
ナツメグ、クミン、バジルなどのスパイス類が味わいをぐっと引き締め、具材の酸味、塩けと、生地の甘みをひとつにまとめあげる。

1. ミキサーボウルに無塩バターを入れ、低速で混ぜてポマード状にし、タン・プール・タンを加えて混ぜる。

2. ミキサーを中速にして、混ぜておいた全卵と卵黄を4回に分けて加え混ぜる。

3. 3回めに入れた全卵と卵黄が大体混ざったら、一度ミキサーを止め、ボウルの側面についた生地をヘラではらう。ふたたびミキサーを回し、残りの全卵と卵黄を加えて混ぜる。

4. 別のミキサーボウルに卵白を入れ、高速で混ぜる。全体が白っぽくなってきたら中速に落とし、少量ずつグラニュー糖を加え、角が立つまで泡立てる。

5. ③のミキサーからボウルをはずしてスパイスミックスを入れ、ヘラで混ぜる。

6. セミドライトマトと2種類のオリーヴを加え、底から返すようにしてさっくりと混ぜる。

7. ④のメレンゲを加えてヘラでさっくり混ぜる。メレンゲがまだ混ざりきらないうちに、薄力粉と強力粉を加え、底から返すようにして混ぜて、なめらかでつやのある状態にする。

8. 1cm角にカットして冷凍したクリームチーズを加え、つぶさないようにさっくりと混ぜる。

9. 口径17mmの丸口金をつけた絞り袋に生地を入れ、ベーキングシートを敷いた型に280gずつ絞る。

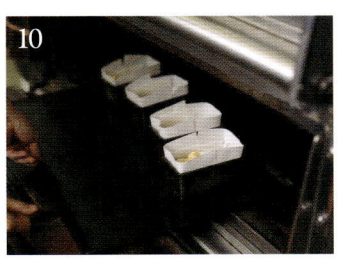

10. 上火180℃・下火180℃のオーブンで約45分間焼成する。途中で天板の前後を入れ替える。

11. 焼きあがったら型をはずし、紙をつけた状態で粗熱をとる。

Point

＊卵白はある程度泡立ててから砂糖を加え、空気を充分に含んだメレンゲをつくる。
＊粉類を加えたあとは、できるだけグルテンをつくらないように、ヘラで底から返すようにして混ぜる。
＊クリームチーズは形が崩れないように、冷凍しておいたものを加える。

ケーク サレ

ノリエット

豚ももハム、オリーヴ、セミドライトマト、ニンジンのラペなど、
7種類の具材を組み合わせた、定番のケーク サレ。
バジルペーストをきかせて、プロヴァンス風に仕上げた生地に
酢漬けにした野菜が醸し出すまろやかな甘みと酸味が加わり、
思わずワインがほしくなるメリハリのきいた味わいに。

材料（10.5cm×5.5cm×高さ5cmの型13台分）

全卵　600g
塩　6g
トレハロース　35g
エクストラヴァージン オリーヴオイル　150g
薄力粉　480g
ベーキングパウダー　25g
無塩バター　150g
プロヴァンサルハーブ入り
　バジルペースト*　6g
白粒コショウ　適量
豚ももハム　240g
黒オリーヴ　100g
緑オリーヴ　100g
セミドライトマトのオイル漬け　200g
ニンジンの酢漬け　100g
根セロリの酢漬け　100g
パプリカの酢漬け　100g

トッピング用
パプリカの酢漬け　適量
黒オリーヴ　13個
緑オリーヴ　26個
エクストラヴァージン オリーヴオイル
　適量

*プロヴァンス産ハーブ入りバジルペーストは、バジル、オレガノ、ローズマリー、タイム、マジョラム、サリエット、ヒマワリオイル入りのフランス産の製品を使用。

下準備

・全卵は常温にもどしておく。
・薄力粉、ベーキングパウダーは
　合わせてふるっておく。
・無塩バターを溶かして45℃程度に
　調整しておく。
・豚ももハムは1cm角に
　カットしておく。
・生地用のオリーヴ（黒、緑）は半割に
　しておく。
・型に溶かしバター（無塩バター。分
　量外）をぬっておく。
・オーブンを190℃に予熱しておく。

Point

*粉類や溶かしバターを加える際は、手をやすめずに混ぜ続ける。材料を加える速度と混ぜる速度を同じにするとダマになりにくく、乳化もしやすい。
*具材から水分が出て、状態が落ち着くまで1時間ほど生地をねかせる。この生地を再度均一に混ぜてから型に流すことにより、焼きあがりが安定する。
*焼成後は冷蔵で1週間保存できる。

1	全卵をボウルに入れて泡立て器でときほぐし、塩とトレハロースを加えてよく混ぜる。トレハロースは生地の乾燥と劣化を防ぐために加えている。
2	泡立て器で混ぜながら、エクストラヴァージンオリーヴオイルを少量ずつ加える。
3	泡立て器で混ぜながら、薄力粉、ベーキングパウダーを少量ずつ加える。粉けやダマがなくなるまで混ぜる。
4	泡立て器で混ぜながら、溶かしバターを加える。全体がなじむまで混ぜる。
5	プロヴァンサルハーブ入りバジルペーストを加えて混ぜる。
6	白粒コショウを挽き入れて混ぜる。
7	豚ももハム、半割にした黒オリーヴと緑オリーヴ、セミドライトマトのオイル漬け、ニンジンの酢漬け、根セロリの酢漬け、パプリカの酢漬けを加える。
8	ヘラで底から返すようにして、具材を均一に混ぜる。冷蔵庫で生地を1時間ねかせる。
9	⑧をヘラでよく混ぜてから、準備した型に180gずつ流す。作業台に型の底を軽く打ちつけて生地をならす。
10	パプリカの酢漬けを飾り、中央に黒オリーヴ、両端に緑オリーヴをのせる。
11	天板にのせ、上火190℃・下火190℃のオーブンで約35分間焼く。
12	焼きあがったらすぐに型をはずして網にのせ、表面にエクストラヴァージンオリーヴオイルを刷毛でぬる。

— 109 —

ケーク サレ キュリー
ノリエット

子どもも大人も大好きな「チキンカレー」をイメージ。
鶏もも肉にジャガイモ、ニンジン、タマネギと、おなじみの具材を組み合わせ、
ほんのりカレーの香りがただよう、やさしい味わいのケーク サレに仕立てた。
タルト型でつくると外側がさっくり、こうばしく焼きあがり、
ほくほく、とろりとした具材とのコントラストも楽しい1品に。

材料（直径13cmのタルト型5台分）
全卵　300g
塩　4g
トレハロース　12g
薄力粉　250g
ベーキングパウダー　10g
カレー粉　10g
無塩バター　145g
ジャガイモ　150g
ニンジン　100g
鶏もも肉　200g
タマネギ　75g
マッシュルーム　75g
ゴーダチーズ（シュレッドタイプ）　60g
エクストラヴァージンオリーヴオイル
　　適量

下準備
・全卵は常温にもどしておく。
・薄力粉、ベーキングパウダー、カレー粉は合わせてふるっておく。
・無塩バターを溶かして45℃程度に調整しておく。
・ジャガイモとニンジンは皮をむいて、鶏もも肉と一緒に塩ゆでする。冷めたらすべて1.5cm角に切る。
・タマネギは薄切り、マッシュルームは4等分にしてサラダオイル（分量外）で炒める。
・型に溶かしバター（無塩バター。分量外）をぬっておく。
・オーブンを190℃に予熱しておく。

1　全卵をボウルに入れて泡立て器でときほぐし、塩とトレハロースを加えてよく混ぜる。トレハロースは生地の乾燥と劣化を防ぐために加えている。
2　泡立て器で混ぜながら、薄力粉、ベーキングパウダー、カレー粉を少量ずつ加え、粉けやダマがなくなるまで混ぜる。
3　泡立て器で混ぜながら、溶かしバターを加え、全体になじむまで混ぜる。
4　③の生地に、塩ゆでにしてカットしたジャガイモ、ニンジン、鶏もも肉と、サラダオイルで炒めたタマネギ、マッシュルーム、さらにゴーダチーズを加え、ヘラで底から返すようにして、具材を均一に混ぜる。
5　冷蔵庫で生地を1時間ねかせる。
6　冷蔵庫からとり出し、ヘラでよく混ぜてから、準備した型に270gずつ生地を流す。
7　上火190℃・下火190℃のオーブンで約35分間焼成する。
8　焼きあがったらすぐに型をはずして網にのせ、表面にエクストラヴァージンオリーヴオイルを刷毛でぬる。

Point
＊粉類や溶かしバターを加える際は、手をやすめずに混ぜ続ける。材料を加える速度と混ぜる速度を同じにするとダマになりにくく、乳化もしやすい。
＊具材から水分が出て、状態が落ち着くまで1時間ほど生地をねかせる。この生地を再度均一に混ぜてから型に流すことにより、焼きあがりが安定する。
＊冷蔵庫で1週間保存可能。食べごろは好みに合わせて見きわめるようにする。

ケイク オ レギューム
リベルターブル

フランス料理店の色鮮やかな前菜を、手軽なトレトゥールとして提供したい。
そんな発想から生まれたケークサレは、テリーヌのような趣。
主役は、その日、市場で出合った新鮮な旬の野菜たち。
塩、コショウ、ナツメグのみのシンプルな味つけが、
それぞれの野菜の味と香りを引き出し、存在感をきわだたせる。

材料（17cm×8cm×高さ6cmの型1台分）

- 全卵　2個
- 生クリーム（乳脂肪分35％）　150g
- グリュイエールチーズ　50g
- 薄力粉　100g
- ベーキングパウダー　5g
- 塩　適量
- コショウ　適量
- ナツメグパウダー　適量
- ブロッコリー、菜の花、ニンジン、カリフラワー、アスパラガス、インゲンマメ、オクラ、サツマイモ、赤パプリカ、黄パプリカ、ナス、ズッキーニ、オニオンヌーボー　各適量
- オリーヴオイル　適量

下準備

- 全卵は常温にもどしておく。
- グリュイエールチーズはすりおろしておく。
- 薄力粉、ベーキングパウダーは合わせてふるっておく。
- ブロッコリー、菜の花、ニンジン、カリフラワー、アスパラガス、インゲンマメ、オクラは、それぞれ塩ゆでにして冷水にとり、ザルにあげて水けをきる。ブロッコリー、菜の花は小房に分け、ニンジンは拍子木切りにする。カリフラワーは薄切り、アスパラガス、インゲンマメは適当な長さにカットしておく。
- サツマイモは100℃のコンベクションオーブンでやわらかくなるまで蒸し、皮をむいて円筒形にカットする。
- 赤パプリカと黄パプリカは直火で焼いて皮をのぞき、短冊切りにする。
- ナスは縦に4等分してサラダオイル（分量外）で素揚げにする。
- ズッキーニは厚さ5mmにスライスして塩でアクぬきし、サラダオイル（分量外）でソテーする。
- オニオンヌーボーは白ワインビネガー、グラニュー糖（ともに分量外）を加えて蒸し煮にする。
- 型に型ぬり用バター（分量外。無塩バター4：強力粉1の割合で合わせたもの）をぬっておく。
- オーブンを180℃に予熱しておく。

1. 全卵をボウルに入れてときほぐし、なめらかになるまで泡立て器で混ぜる。
2. ①に生クリーム、すりおろしたグリュイエールチーズを加えて混ぜる。
3. 薄力粉とベーキングパウダー、塩、コショウ、ナツメグパウダーを加え、なめらかになるまで混ぜる。
4. 準備した型に生地を厚さ1cmほど流し、ナス、黄パプリカをそれぞれ縦1列に並べる。
5. ④の野菜が隠れるくらいの生地を流し、アスパラガスの茎部分、オニオンヌーボー、オクラをそれぞれ縦1列に並べる。
6. アスパラガス、オクラが隠れるくらいの生地を流し、ニンジン、サツマイモを縦一列に並べる。
7. ニンジンが隠れるくらいの生地を流し、インゲンマメを縦一列に並べる。
8. インゲンマメが隠れるくらいの生地を流し、赤パプリカ、ズッキーニを並べる。
9. 残りの生地を流し、ブロッコリー、菜の花、カリフラワー、アスパラガスの穂先部分を飾る。
10. 上火180℃・下火180℃のオーブンで約40分間焼く。
11. 焼きあがったら型をはずし、熱いうちに上面と側面に刷毛でオリーブオイルをぬる。網にのせて冷ます。

Point

＊ケークサレの生地は、テリーヌのようになめらかな食感に仕上げるため生クリームを多めに配合。野菜の甘みや香りが引きたつように、塩、コショウ、ナツメグのみで味つけする。

＊野菜はそれぞれの色、食感を生かすため別々に下処理。色のバランスを考えながら配置する。

＊薄力粉、ベーキングパウダー、調味料は、卵液を混ぜながら加え、粉けやダマがなくなるまで混ぜる。

材料（18cm×8cm×高さ6cmの型7台分）

薄力粉　700g
強力粉　300g
ベーキングパウダー　30g
全卵　20個
塩　10g
コショウ　適量
グラニュー糖　100g
溶かしバター　50g
サラダオイル　500cc
牛乳　200cc
赤・黄パプリカ　各100g
タマネギ(中)　1/2個
パセリ(みじん切り)　1/2カップ
ベーコン　200g

下準備

・薄力粉、強力粉、ベーキングパウダーは合わせてふるっておく。
・全卵は常温にもどしておく。
・溶かしバターとサラダオイルを合わせておく。
・パプリカ、タマネギは3mm角に切る。
・ベーコンは3mm角に切り、炒めて水分をとばす。
・型にベーキングシートを敷いておく。
・オーブンを170℃に予熱しておく。

野菜とベーコンのケークサレ
quiche quiche

2色のパプリカとタマネギ、パセリ、ベーコンを組み合わせ、
野菜の甘みとベーコンのこくを調味料代わりに。
各家庭でアレンジして食べるフランスの食べ方にならい
店舗ではレモン風味のチーズクリームを挟むレシピも提案している。

1　3mm角に切った赤・黄パプリカとタマネギ、みじん切りにしたパセリ、炒めたベーコンをボウルに入れる。薄力粉と強力粉、ベーキングパウダーを合わせ、その少量をボウルに加え、さっくりと混ぜる。

2　全卵をミキサーボウルに入れてホイッパーで軽く混ぜ、塩、コショウ、グラニュー糖を加え、高速で5分間ほど撹拌する。

3　生地が充分に空気を含み白っぽくなってきたら、ミキサーの速度を低速に変え、合わせた溶かしバターとサラダオイルを少しずつ加えながら撹拌する。

4　撹拌しながら牛乳を加え、均一に混ぜる。

5　ミキサーからボウルをはずし、①の残りの粉類を3回に分けてふるい入れ、そのつど泡立て器でやさしく混ぜる。

6　①の具材を加え、ヘラで均一に混ぜる。

7　準備した型に生地を均等に流し、2回ほど型の底を作業台に打ちつけて空気をぬく。上火170℃・下火175℃のオーブンに入れる。

8　9分経ったらとり出し、ぬらしたペティナイフでクープを1本入れ、さらに30分間焼く（途中、15分経ったら型の位置を入れ替える）。オーブンから出して粗熱をとり、型をはずして冷ます。

Point

＊生地と具材のバランスをとり、また一体感のある口溶けとするため、具材は3mm角の大きさに統一。あらかじめ具材に粉をまぶしておくことで、具材の水分をこの粉が吸収して、あとで生地に混ぜ込むときに生地に気泡ができにくくなり、焼きあげる際も具材が沈みにくい。

イカ&桜エビのケークサレ
quiche quiche

噛むほどにじわじわっとうまみを感じるさきイカが、
ふんわりしたケーキとの意外な相性のよさを発揮。
同時に、桜エビのこうばしい香りがふわっと鼻に抜け、
キクラゲのコリッとした歯ざわりが舌をくすぐる。
男性客に人気の、お酒にぴったりなおつまみケーキ。

材料（18cm×8cm×高さ6cmの型7台分）
薄力粉　700g
強力粉　300g
ベーキングパウダー　30g
全卵　20個
塩　10g
コショウ　適量
グラニュー糖　100g
溶かしバター　50g
サラダオイル　500cc
牛乳　200cc
キクラゲ　80g
さきイカ　60g
桜エビ　20g
タマネギ（中）　1と1/2個
赤紫蘇のふりかけ　適量

下準備
・薄力粉、強力粉、ベーキングパウダーは合わせてふるっておく。
・全卵は常温にもどしておく。
・キクラゲは水（分量外）でもどしてみじん切りにする。
・さきイカは粗みじん切りにする。
・タマネギはみじん切りにする。
・型にベーキングシートを敷いておく。
・オーブンを170℃に予熱しておく。

1　キクラゲ、さきイカ、桜エビ、タマネギをボウルに入れ、
　　薄力粉、強力粉、ベーキングパウダーを少量加えてさっくりと混ぜておく。
2　全卵をミキサーボウルに入れてホイッパーで軽く混ぜ、塩、コショウ、
　　グラニュー糖を加え、高速で5分間ほど撹拌する。
3　生地が充分に空気を含み白っぽくなってきたら、ミキサーの速度を低速に変え、
　　合わせた溶かしバターとサラダオイルを少しずつ加えながら撹拌する。
4　撹拌しながら牛乳を加え、均一に混ぜる。
5　ミキサーからボウルをはずし、①の残りの粉類を3回に分けてふるい入れ、
　　そのつど泡立て器でやさしく混ぜる。
6　①の具材を加え、ヘラで均一に混ぜる。
7　準備した型に生地を均等に流し、
　　2回ほど型の底を作業台に打ちつけて空気をぬく。
8　上火170℃・下火175℃のオーブンに入れ、9分経ったらとり出し、
　　ぬらしたペティナイフでクープを1本入れ、赤紫蘇のふりかけをふる。
　　オーブンにもどし、さらに30分間焼く（途中、15分経ったら型の位置を入れ替える）。
9　オーブンから出して粗熱をとり、型をはずして冷ます。

Point

＊さきイカは、やわらかい食感のソフトさきイカを使う。粗みじん切りにしてから加えると生地に均一に混ざりやすく、食べやすい。
＊赤紫蘇のふりかけは、繊細な香りをとばさないように焼成の途中でふる。
＊店頭での販売時は焼きあがったケーキをスライスしてワサビ風味のチーズクリームを挟み、クリームチーズのこくとワサビのピリッと刺激的な香りを添えている。

同様の生地を使い、具材を変えたバリエーションメニュー。ピリ辛のチョリソーソーセージ、ほくほくとした食感の豆をとり合わせたケーキ（写真左）は、ビールに最適。ワインには、エルブ・ド・プロヴァンスを加えた生地にクルミと黒オリーブを合わせたさわやかな味わいのケーキ（右）が合う。

材料（14cm×7cm×高さ4.5cmの型2台分）

- 全卵　2個
- 薄力粉　94g
- ベーキングパウダー　3g
- ガーリックパウダー　0.6g
- 塩（フランス・ゲランド産）　1.4g
- チーズ（好みのもの）　24g
- オリーブオイル　4cc
- 牛乳　100cc
- インゲンマメ　20g
- ニンジン　20g
- コック オー ヴァン＊
  - オリーブオイル　少量
  - 鶏もも肉　80g
  - 赤ワイン（アルコール分をとばしたもの）　20cc
  - デミグラスソース（市販品）　30cc

＊コック オー ヴァンのつくり方
1 鍋にオリーブオイルを熱し、角切りにした鶏もも肉を加え、完全に火が通るまで炒める。
2 別の鍋に赤ワインとデミグラスソースを入れて火にかけ、ひと煮立ちしたら炒めた鶏もも肉を加えて5～6分間煮込み、そのまま冷ます。

下準備

- 全卵は常温にもどしておく。
- 薄力粉はふるっておく。
- ベーキングパウダー、ガーリックパウダー、塩はあらかじめ合わせておく。
- インゲンマメは下ゆでし、8本はデコレーション用に10cm長さに切ってマスタード（小さじ1）で和える。残りは小口切りにする。
- ニンジンは下ゆでし、1～2cm角に切る。
- 型に溶かしバター（無塩バター。分量外）をぬっておく。
- オーブンを180℃に予熱しておく。

コック オー ヴァンのケーク サレ

カフェ・ド・ヴェルサイユ

フランスの伝統料理「コック オー ヴァン（鶏の赤ワイン煮）」を
ケーク サレにとじ込めて、ご馳走感のあるリッチな味わいに。
赤ワインの味を前面に出すため、鶏肉は下味をつけずに
赤ワインと市販のデミグラスソースで煮込み、
調理時間を短縮しながら、深みのある味わいも表現する。

1 全卵をミキサーボウルに入れ、低速で10秒間ほど撹拌して卵白のコシを切る。

2 薄力粉と、合わせておいたベーキングパウダー、ガーリックパウダー、塩を加え、低速で混ぜる。生地をいためないように、基本的にミキサーの速度は低速とする。

3 全体に粉がなじんだら、チーズを加えてさっくりと混ぜ、オリーヴオイルを加えてさらに撹拌する。

4 牛乳を加えて、よく混ぜる。

5 できあがりはさらっとしている。

6 準備した型に⑤の生地を均等に流し入れ、小口切りにしたインゲンマメと角切りにしたニンジンをちらす。

7 コック オー ヴァンを静かにのせ、マスタードで和えたインゲンマメを並べる。

8 180℃のオーブンに入れ、約30〜40分間焼成する。途中、20分経ったくらいで焼き色を見て、焼き時間を微調整する。焼きあがったら、熱いうちに型をはずして冷ます。

Point
*鶏肉は小さく切ることで煮込む際に火通りがよくなり、焼成時も生地に沈みにくくなる。
*チーズは好みの種類を使ってかまわないが、溶けやすいチーズを使うと生地に空洞ができやすくなるので注意する。ハードタイプのチーズは、ナイフで切るかすりおろして使う。

タルト生地の中にケーク サレの生地を流して焼いたアレンジバージョン。今回の分量で、直径12cmのタルト約4台分。サクサクとした食感が加わり、印象も華やかに。

エスカルゴとバジルのケークサレ
カフェ・ド・ヴェルサイユ

エスカルゴとバジルは、フランス人の大好きな組合せ。
バジルが香るさわやかな緑色の生地に、黒オリーヴの香りや
粒マスタードの酸味を加えて、深みのある味わいに。
ほくほくのアスパラガスと、なめらかなチーズで食感に変化を出す。

材料（14cm×7cm×高さ4.5cmの型2台分）

- 全卵　2個
- 薄力粉　94g
- ベーキングパウダー　3g
- ガーリックパウダー　0.6g
- 塩（フランス・ゲランド産）　1.4g
- チーズ（好みのもの）　24g
- オリーヴオイル　4cc
- 牛乳　100cc
- バジルペースト　40g
- エスカルゴ（冷凍）*　40g
- アスパラガス*　40g
- 粒マスタード*　10g
- 黒オリーヴ　20g
- クリームチーズ　40g

*エスカルゴは解凍して1cm角程度に切る。アスパラガスは5〜6本を仕上げ用として10cm長さに切り、残りは粗みじん切りにする。フライパンにオリーヴオイル（分量外）を入れて火にかけ、エスカルゴとアスパラガスを軽く炒め、最後に粒マスタードを加えて和える。

下準備

- 全卵は常温にもどしておく。
- 薄力粉はふるっておく。
- ベーキングパウダー、ガーリックパウダー、塩はあらかじめ合わせておく。
- 型に溶かしバター（無塩バター。分量外）をぬっておく。
- オーブンを180℃に予熱しておく。

1. 全卵をミキサーボウルに入れ、低速で10秒間ほど撹拌して卵白のコシを切る。
2. 薄力粉と、合わせておいたベーキングパウダー、ガーリックパウダー、塩を加え、低速で撹拌する。
   生地をいためないように、基本的にミキサーは低速で回す。
3. 全体に粉がなじんだら、チーズを加えてさっくりと混ぜ、オリーヴオイルを加えてさらに撹拌する。
4. 牛乳を加えて混ぜ、さらにバジルペーストを加えてよく混ぜる。
5. 準備した型に④の生地を均等に流し入れ、炒めたエスカルゴと粗みじん切りにしたアスパラガス、黒オリーヴ、小さめにちぎったクリームチーズをちらし、仕上げ用のアスパラガスを並べ、180℃のオーブンで約30〜40分間焼成する（途中、20分経ったくらいで焼き色を見て、焼き時間を微調整する）。
6. 焼きあがったら、熱いうちに型をはずして冷ます。

Point

*日本ではなじみの薄いエスカルゴを具材に用いて、フランスらしい素材使いで個性をアピール。クリームチーズは焼成後も形が残り、なめらかな口溶けが食感にリズムを与え、真っ白な色が断面のアクセントになる。

*焼成時、生地がかかっていない表面の具材は焦げやすいため、型に流した生地に具材を加える際は、具材が生地からとび出しすぎないように注意する。

同様の生地を使い、具材を変えたバリエーションメニュー。キツネ色になるまで炒めたタマネギ、アンチョビ、ドライトマト、黒オリーヴ、モッツァレラチーズを加えたケークサレ。ドライトマトのうまみやアンチョビの塩けをきかせて、メリハリのある味に仕上げた。

小海老と春野菜のケークサレ

カフェ・ド・ヴェルサイユ

ドライフルーツとミモレットのケーク サレ

カフェ・ド・ヴェルサイユ

小海老と春野菜のケーク サレ

カフェ・ド・ヴェルサイユ

ほろ苦い菜の花と白ゴマの香りがふわっと広がる
親しみやすい和風テイストのケーク サレ。
プリッとした小エビと、サクサクとこうばしい桜エビ、
ドライトマトの凝縮されたうまみとオレガノの風味が絶妙に調和。

材料(14cm×7cm×高さ4.5cmの型2台分)
全卵 2個
薄力粉 94g
ベーキングパウダー 3g
ガーリックパウダー 0.6g
塩(フランス・ゲランド産) 1.4g
チーズ(好みのもの) 24g
オリーブオイル 4cc
牛乳 100cc
カッテージチーズ 40g
オレガノパウダー 適量
具材*
ニンジン 20g
ブロッコリー 20g
菜の花 20g
オリーブオイル 少量
塩 適量
小エビ 30g
桜エビ 10g
セミドライトマト 20g
白煎りゴマ 5g

＊具材の仕込み方
1 ニンジンとブロッコリー、菜の花は適宜に切って軽くゆでて、乱切りにする。
2 フライパンにオリーブオイルを入れて中火にかけ、ニンジンを加えて炒め、塩をふる。
3 ブロッコリー、菜の花、小エビ、桜エビを加え、完全に火が通らない程度に軽く炒め合わせる。
4 セミドライトマトも加えて軽く炒めたあと、バットに移して白煎りゴマをまぶす。

下準備
・全卵は常温にもどしておく。
・薄力粉はふるっておく。
・ベーキングパウダー、ガーリックパウダー、塩はあらかじめ合わせておく。
・型に溶かしバター(無塩バター。分量外)をぬっておく。
・オーブンを180℃に予熱しておく。

1 全卵をミキサーボウルに入れ、低速で10秒間ほど撹拌して卵白のコシを切る。
2 薄力粉と、合わせておいたベーキングパウダー、ガーリックパウダー、塩を加え、低速で撹拌する。生地をいためないように、基本的にミキサーは低速で回す。
3 全体に粉がなじんだら、チーズを加えてさっくりと混ぜ、オリーブオイルを加えてさらに撹拌する。
4 牛乳を加えて混ぜ、均一になじんだら生地の完成。
5 準備した型に生地を均等に流し入れ、具材をちらす。カッテージチーズをちぎってちらし、オレガノパウダーをふる。
6 180℃のオーブンで約30〜40分間焼成する(途中、20分経ったくらいで焼き色を見て、焼き時間を微調整する)。
7 熱いうちに型をはずして冷ます。

Point

＊ケーク サレに加える具材は、大きさをそろえて切ること、一度加熱して素材の水分をとばすことが基本。ただし焼成時にも素材に火が入ることを考慮し、下ごしらえの段階では火を入れすぎないようにする。エビは炒めることでうまみがとじ込められ、冷めた状態で食べても風味を感じやすくなる。また、ハーブやスパイスを加えると香りの要素が加わり、深みのある味わいに仕上がる。

ドライフルーツとミモレットのケーク サレ

カフェ・ド・ヴェルサイユ

鮮やかなオレンジ色のミモレットチーズと、
カラフルな色合いのドライフルーツをちりばめた
宝石箱のようなスイーツ風ケーク サレ。
ほのかに香るスパイスがオリエンタルな味わい。

材料（14cm×7cm×高さ4.5cmの型2台分）

- 全卵　2個
- 薄力粉　94g
- ベーキングパウダー　3g
- ガーリックパウダー　0.6g
- 塩（フランス・ゲランド産）　1.4g
- チーズ（好みのもの）　24g
- オリーブオイル　4cc
- 牛乳　100cc

具材*

- 好みのドライフルーツ
  （ブルーベリー、ブラックベリー、木イチゴ、クランベリーなど）計80g
- ミモレットチーズ　60g
- オリーブオイル　少量
- 塩　適量
- コショウ　適量
- キャトルエピス　2g

*具材の仕込み方
1 ドライフルーツはひと口大に切る。ミモレットチーズは1cm角に切る。
2 ボウルに①のドライフルーツとミモレットチーズを入れ、オリーブオイル、塩、コショウ、キャトルエピスを加えてよく混ぜる。

下準備

- 全卵は常温にもどしておく。
- 薄力粉はふるっておく。
- ベーキングパウダー、ガーリックパウダー、塩はあらかじめ合わせておく。
- 型に溶かしバター（無塩バター。分量外）をぬっておく。
- オーブンを180℃に予熱しておく。

作り方

1. 全卵をミキサーボウルに入れ、低速で10秒間ほど撹拌して卵白のコシを切る。
2. 薄力粉と、合わせておいたベーキングパウダー、ガーリックパウダー、塩を加え、低速で撹拌する。
生地をいためないように、基本的にミキサーは低速で回す。
3. 全体に粉がなじんだら、チーズを加えてさっくりと混ぜ、オリーブオイルを加えてさらに撹拌する。
4. 牛乳を加えて混ぜ、均一になじんだら生地の完成。
5. 準備した型に生地を均等に流し入れ、具材をちらす。
6. 180℃のオーブンで約30〜40分間焼成する（途中、20分経ったくらいで焼き色を見て、焼き時間を微調整する）。
7. 熱いうちに型をはずして冷ます。

Point

*ドライフルーツのように甘みが濃厚で水分の少ない素材は、生地に混ぜ込んでも沈まずにふっくらと仕上がり、チーズとの相性も抜群。アプリコットやプルーン、マンゴー、クランベリーなど色や食感の異なるものを組み合わせると断面も美しく、食べ飽きない味に。あらかじめキャトルエピスをまぶすことでドライフルーツの果実味を引きたて、深みのある味わいに仕上げる。

ソーセージと野菜のケークサレ
quiche quiche

野菜と挽き肉のケーク サレ（カレー風味）
キシュ　キシュ
quiche quiche

ソーセージと野菜のケーク サレ
quiche quiche

甘いものが苦手な男性へ贈る、記念日のケーク サレ。
お酒と一緒に楽しむシーンを想定し、ソーセージを主役に
ほくほくとしたロマネスコで見ためと食感の面白みを出した。
仕上げにパルミジャーノチーズを削りかけ、こくと香りのエッセンスに。

材料(直径15cmの丸型1台分)
全卵 3個
グラニュー糖 大さじ1
サラダオイル 大さじ4
牛乳 大さじ2
薄力粉 100g
強力粉 50g
ベーキングパウダー 小さじ2
パルミジャーノ・レッジャーノチーズ
　　大さじ2
ウィンナーソーセージ 4本
ロマネスコ(カリフラワーやブロッコリーでも可)
　　1/6株
仕上げ用
パルミジャーノ・レッジャーノチーズ 適量

下準備
・全卵は常温にもどしておく。
・薄力粉、強力粉、ベーキングパウダーは合わせてふるっておく。
・ウィンナーソーセージは縦に半分に切り、飾り切りする。
・ロマネスコは小房に分けて塩ゆでし、水けをきって冷ましておく。
・型に溶かしバター(無塩バター)をぬり、粉をふって余分な粉を落としておく(ともに分量外)。
・オーブンを180℃に予熱しておく。

1　ボウルに全卵を割り入れて泡立て器でときほぐし、
　　グラニュー糖を加えて溶けるまでよく混ぜる。
2　サラダオイルを少しずつ加えながらよく混ぜ、牛乳も同様に加え混ぜる。
3　薄力粉、強力粉、ベーキングパウダーと、パルミジャーノ・レッジャーノチーズを
　　加えてさっくりと混ぜ、準備した型に流し入れる。
　　型を5cmくらいの高さから2回落として空気をぬく。
4　180℃のオーブンで10分間焼いてとり出し、
　　ウィンナーソーセージとロマネスコを手早く盛りつける。
5　オーブンの温度を170℃に下げてさらに約20分間焼く。
6　オーブンからとり出して、網にのせて粗熱をとる。
　　型をはずして、仕上げに削ったパルミジャーノ・レッジャーノチーズをふる。

Point
＊オーダーメイドでつくる記念日用のケークサレの一例。日本では丸い形のデコレーションケーキがお祝いの象徴というイメージが強いので、パウンドケーキ型ではなく丸型で焼成。
＊存在感のあるロマネスコとソーセージを立体的に盛りつけて華やかな印象に仕上げる。生地の膨らみを邪魔せず、ロマネスコの色を鮮やかに残すため、オーブンに入れて10分経ってからソーセージとロマネスコをのせて再度焼く。

野菜と挽き肉のケーク サレ（カレー風味）

quiche quiche

ズッキーニとナス、ニンジンが色鮮やかに共演した
ポップでにぎやかな野菜づくしのバースデイ・ケーク サレ。
子どもが大好きなカレー風味で
家族みんなで楽しめるシチュエーションを演出する。

材料（直径15cmの丸型1台分）

- 全卵 3個
- グラニュー糖 大さじ1
- サラダオイル 大さじ4
- 牛乳 大さじ2
- 薄力粉 100g
- 強力粉 50g
- ベーキングパウダー 小さじ2
- ミックスチーズ 50g

具材*
- タマネギ 20g
- 合挽き肉 50g
- 白ワイン 大さじ1
- カレー粉 小さじ2
- スイートチリソース 小さじ1
- 塩 適量
- コショウ 適量
- ニンジン 1/3本
- ズッキーニ 1/3本
- ナス 1/2本

＊具材の仕込み方
1 タマネギをみじん切りにして、合挽き肉と一緒にサラダオイル（小さじ1）を敷いたフライパンに入れて中火で炒め、白ワインを加える。カレー粉をふり入れ、スイートチリソース、塩、コショウを加えて味をととのえる。
2 ニンジンは厚さ5mmの輪切りにして耐熱皿に並べ、水（小さじ1）をふりかけてラップフィルムで覆い、600wの電子レンジで1分半加熱して冷ます。
3 ズッキーニとナスは厚さ5mmの輪切りにし、サラダオイル（小さじ1）をひいたフライパンに入れて中火で炒め、塩、コショウで味をととのえる。

下準備
・全卵は常温にもどしておく。
・薄力粉、強力粉、ベーキングパウダーは合わせてふるっておく。
・型に溶かしバター（無塩バター）をぬり、粉をふって余分な粉を落としておく（ともに分量外）。
・オーブンを180℃に予熱しておく。

作り方

1. ボウルに全卵を割り入れて泡立て器でときほぐし、グラニュー糖を加えて溶けるまでよく混ぜる。
2. サラダオイルを少しずつ加えながらよく混ぜ、牛乳も同様に加え混ぜる。
3. 薄力粉、強力粉、ベーキングパウダーを加えてさっくりと混ぜ、白ワインやカレー粉などで調味したタマネギと合挽き肉を加えて粉けがなくなるまで混ぜてから、準備した型に流し入れる。型を5cmくらいの高さから2回落として空気をぬく。
4. 180℃のオーブンで10分間焼いてとり出し、ミックスチーズを上面全体にちらし、ニンジン、ズッキーニ、ナスを手早く、彩りよく盛りつける。
5. オーブンの温度を170℃に下げてさらに約20分間焼く。
6. オーブンからとり出して、網にのせて粗熱をとる。

Point
＊子どもにたくさん食べてほしい、野菜をたっぷり使った食事系のアニバーサリー・ケーク。野菜は、水分が多いものでも加熱して加えれば、アレンジは自由。中に挽き肉のカレーが入るので、食べごたえも満点。
＊10分間焼成したのち、上面にミックスチーズをちらしてから野菜を並べることで、ミックスチーズがこく出しと接着材としての役割をはたし、焼成後も野菜の立体感をキープできる。

ケーク、
10通りのアプローチ

ケークのレシピを紹介していただいたパティスリー&カフェ10店の
シェフに、ケークに対する考え方をうかがいました。それぞれ伝統
的な製法をベースにしながらも、わが店ならではのオリジナリティを
追求し、独自のケークづくりを行なっています。

パティスリー ユウ ササゲ

**伝統的な製法、存在感のあるデザインで
フランス菓子らしい世界感を表現**

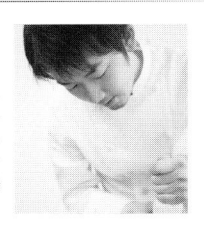

オーナーシェフ
捧　雄介さん
1977年新潟県生まれ。東京・南青山「ルコント」でパティシエ修業を開始。「オテル・ドゥ・ミクニ」「アロマフレスカ」「ロワゾー・ド・リヨン」などを経て2013年独立開業。

ケーク オランジュ　P.14
ケーク オ フリュイ　P.32 
バナーヌ ショコラ キュイ　P.67 
ケーク ショコラ フィグ ダプリコ　P.71 
ケーク オ キャラメル　P.78 
ケーク パルファン　P.88 

　私の菓子づくりのコンセプトは"パティスリー・フランセーズ"。フランス菓子の伝統に立ち返った菓子の表現を追求していきたいと考えています。そういった思いから、ケークも伝統的な製法を尊重し、修業先の「ルコント」のルセットを受け継ぐ「ケーク オ フリュイ」をはじめ、4同割をベースにアレンジを加えたケークを6〜8品提供しています。製法は、口あたりのよいシュガーバター法が基本。卵を多めに配合した分離しやすいルセットがほとんどなので生地の温度管理を徹底し、22〜25℃の温度帯を保ってしっかり乳化させています。

　1本売りのケークは冷蔵ショーケースに並べて販売していますが、生菓子に負けない華やかさを訴求できるのもケークのよいところ。デコレーションに関してはピンク色のグラス・ア・ローをかけて仕上げる「ケーク パルファン」など、今までのケークとはひと味違ったデザインで存在感をアピールしています。店頭で販売する商品はパルファン、オランジュ、キャラメルなどの定番に加え、季節ごとに1〜2品をローテーション。季節感を感じていただけるように、一番人気のケーク オ フリュイも春はピスタチオピュレ入りのグリーンの生地にグリーンレーズン、イチゴ、クランベリーなどを加えて色鮮やかに仕上げ、夏はトロピカルフルーツでさわやかに。秋冬は歴史あるルセットでどっしりとした味わいを楽しんでいただくというように趣向を変えています。また、当店ではフランス菓子にこだわり、和素材は使用していないのですが、春を告げるサクラだけは特別。私自身が好きな花ということもあり、サクラの葉とエキスを加えたケークを開花時期限定で販売しています。

パティスリー ユウ ササゲ
東京都世田谷区南烏山6-28-13
☎03-5315-9090
営業時間／10時〜19時
定休日／火曜

ロールケーキからフランスの伝統菓子、バラの香り豊かな「パルファン」をはじめとするオリジナル菓子まで、クラシックを咀嚼し、モダンな感性と融合させた菓子は、どれも端正なたたずまい。捧流にアレンジした"パティスリー・フランセーズ"がお客の目と舌を楽しませる。

パティスリー・ドゥ・シェフ・フジウ

しっとり好みの日本人の嗜好に合わせて噛みごたえがありながら食べやすい生地に

オーナーシェフ　藤生義治さん
1947年東京都生まれ。パリ「ジャン・ミエ」、ウィーン「ハイナー」などで修業後、東京・立川「エミリー・フローゲ」のシェフに就任。93年「パティスリー・ドゥ・シェフ・フジウ」を開業。

私がフランス修業時代につくっていたケークは、ざっくりとした食感で、噛みしめると粉の香りとうまみが感じられるものが中心でした。しかし、しっとり感を好む日本人にはそうしたケークは残念ながら喜ばれません。そこで帰国後は、小麦粉の分量を減らし、そのぶんアーモンドパウダーを加えてしっとりとした食感に仕上げるルセットを新たに開発。以来、この生地をもとにつくる菓子を「ウィークエンド」と名づけて提供しています。

ルセットづくりで重視したのは、しっとりしながら噛みごたえのある生地に仕上げること。そして、スタッフの誰がつくっても同じ味、食感が出せること。おいしいのはもちろん、分離しにくく品質が安定するように配合、製法を工夫しました。つくり方はシュガーバッター法が基本ですが、ナッツを多く含む生地は浮きがよいため、バターや全卵には空気を入れすぎないように撹拌。そこに、しっかり泡立てたメレンゲと粉類を加えることにより、ベーキングパウダーを使わずにめざす食感に仕上げています。粉はフランスの小麦粉の質に近づけるため、薄力粉と強力粉を同割でブレンド。味の決め手となるタン・プール・タンはマルコナ種の生アーモンドとグラニュー糖を合わせて自店でローラーにかけ、粉糖と同じくらいの細かさに挽いて生地と合わせやすくしています。

ケークのラインアップは「ウィークエンド」シリーズのほか、「アングレーズ」や「ケーク サレ」など約10品。このうち、フルーツ系の端生地は合わせて練り直し、「タルトメゾンスペシャル」という菓子に再生して販売しています。材料を無駄にしないのがフランス菓子の伝統。そんな知恵も、次代に伝えていけたらと考えています。

- ウィークエンド スリーズ　P.16
- ウィークエンド アナナ　P.17
- フリュイ オ ザマンド　P.36
- ウィークエンド 黒ごま黒豆　P.56
- ウィークエンド ショコラ　P.62
- ケーク サレ　P.106

パティスリー・ドゥ・シェフ・フジウ
東京都日野市高幡17-8
☎ 042-591-0121
営業時間／8時～20時
定休日／無休
http://www.chef-fujiu.com/

エレガントな生菓子、バラエティ豊かな焼き菓子、色とりどりのコンフィズリー。店内には200品以上の菓子がずらり。ベーシックなケークから素朴な郷土菓子、古書をもとに再現した古典菓子まで、多彩に揃う焼き菓子がシンプルで奥深いフランス菓子の魅力を雄弁に語る。

ノリエット

フランスの食文化を食卓に届ける王道のケーク&ケーク サレを

オーナーシェフ　永井紀之さん
1961年東京都生まれ。料理人からパティシエに転身し、東京・尾山台「オーボンヴュータン」で2年間修業。フランス、スイスで6年間研鑽を積み、帰国。93年に独立開業をはたした。

ケーク ミエル シトロン　P.20
ケーク アングレーズ　P.28 
ショコラ ドゥーブル　P.63 
ケーク マロン　P.82 
ケーク サレ　P.108 
ケーク サレ キュリー　P.110 

　僕はこれまでずっと「フランスの菓子屋の当り前」を日本で実践したいと考えてやってきました。ですから、ケークも、「カトルカール」や「ケーク アングレーズ」など、フランス菓子としてベーシックなものを中心に提供しています。つくり方も昔ながらの手作業。泡立ちや乳化の具合を手の感覚で確かめながら、めざす生地の状態に仕上げています。また、バター、砂糖、卵、小麦粉というシンプルな素材でつくるケークには、酒の香りが欠かせないというのが僕の考え。ドライフルーツなどの具材はラム酒にしっかり漬け込み、生地にはキルシュ酒やグランマルニエをたっぷり打つなど、酒の風味を加えることによって味わいに広がりをもたせています。

　ケークは「プリュノー」、「ノワ」、「ミエル シトロン」など6～8品を用意。それぞれの生地のもち味により、食べておいしいと感じるサイズは異なりますから、伝統的なパウンドケーキ型、細身の型、台形の型など、数種類の焼き型を用意して使い分けています。たとえば、時間が経って熟成されるほど生地のうまみが増すケーク アングレーズはパウンドケーキ型でどっしり太く。味わいが濃厚な「ショコラ ドゥーブル」などはひと切れをおいしく食べてもらえるように細身の型で焼きあげています。

　フランス菓子店に欠かせない商品として、当店ではケーク サレも常備しています。定番は、自家製の豚ももハムやフランス産の野菜の酢漬けなどをたっぷり加えたケークと、カレー味の「ケーク サレ キュリー」。サレ系は具材を用意する手間がかかりますし、たくさん売れるアイテムではありませんが、「お客さまにフランスの食文化を楽しんでほしい」という思いでつくり続けています。

ノリエット
東京都世田谷区赤堤5-43-1
☎03-3321-7784
営業時間／9時～19時　定休日／水曜
http://www.noliette.jp/

華やかな生菓子から焼き菓子、コンフィズリー、氷菓、ヴィエノワズリー、さらには自家製トレトゥールまで、フランスの食文化がぎっしり詰まった店内に、陽気なシャンソンが流れる。伝統を重んじ、基本を大切につくられたフランス菓子は深く豊かな味わいに満ちている。

メゾン・ド・プティ・フール

素材の組合せ方、仕立て方で
自由に遊べるのが、ケークの魅力

オーナーシェフ
西野之朗さん 
1958年大阪府生まれ。「コロンバン」「オーボンヴュータン」を経て渡仏。パリの名店で研鑽を積み帰国後、卸専門の焼き菓子店を開業。90年に焼き菓子専門店を出店。現在4店舗を展開。

ケークは、噛むほどにうまみがあふれ出るどっしりとした生地が魅力の焼き菓子。パン・ド・ジェーヌのように軽く口溶けのよい菓子とは、めざす食感が大きく異なります。そのため、ケークの場合は生地自体の風味、食感の強さが味わえるよう4同割をベースにしています。ただ、完全に同割にすると生地が重くなりすぎるため、小麦粉の配合を減らしたり、一部を米粉に置き換えたりして、しっかりとした食感がありつつ、食べやすい生地にアレンジしています。また、焼き菓子にはグラニュー糖を使うことが多いのですが、ケークには焼きあがりの味わいがやさしく、濃くきれいな色に焼きあがる上白糖も使用します。薄力粉は「バイオレット」、中力粉は「エクリチュール」をメインに使い、軽さを出したいときには、米粉「ふわり」(すべて日清製粉)を3割ほど加えて「噛んでおいしい生地」に仕上げています。

ケークの種類は「フルーツケーキ」「ケーク オランジュ」「キャトルキャール」などの定番アイテムに加えて、夏はトロピカルフルーツ、秋はマロンなど、季節感の感じられる素材を使った限定品を揃えるようにしています。また、今回紹介した「テリーヌ」は、定番と季節の品を合わせて常時3〜4品提供しているオリジナル商品。その名の通りフランス料理のテリーヌをヒントに考案したアイテムで、生地の間にパート・フィロを挟み、さらにふたをして焼くことで生地の対流を防ぎ、きれいな層に焼きあげています。その逆に「ケーク カフェ ノワ」は窯の熱で生じるアパレイユの自然な表情を生かした1品。熱による生地の変化、素材の組合せ方……。さまざまに遊べるケークは、つくり手にとっても楽しい焼き菓子です。

ケーク オ テ シトロン P.21
テリーヌ ド フリュイ P.38
シシリエンヌ P.45
ショコラ オランジュ P.66
ケーク カフェ ノワ P.83
テリーヌ ドートンヌ P.86

メゾン・ド・プティ・フール 本店
東京都大田区仲池上2-27-17
☎03-3755-7055
営業時間/9時30分〜18時30分
定休日/水曜
http://www.mezoputi.com/

1984年に焼き菓子の卸専門店を開業。以来、フランス伝統の焼き菓子の魅力を発信し続けてきた西野さん。フィナンシェ、ポン・ヌフ、サブレ、ケークなど、フランス菓子の枠組を守りながら、アレンジを加えて個性を表現した菓子は、噛みしめるほどにしみじみとおいしい。

アカシエ

噛みしめると豊かな味わいが広がる
パティスリーならではのケークを

オーナーシェフ
興野 燈さん

1972年埼玉県生まれ。都内のホテルやレストラン勤務を経て渡仏し、パリ「ストーレー」などで修業。2007年に「パティスリーアカシエ」、10年に「アカシエ・サロン・ド・テ」を開業。

ケーク シトロン　P.24
ケーク オ フリュイ　P.29 
マーブル ショコラ　P.60 
ケーク ショコラ フィグ オランジュ　P.70 
キャトル キャール ブルトン　P.79 

　つくり方はいたってシンプルだけれど古くささはなく、焼き色に温かみがあって、噛みしめると小麦やバターの味わいが広がる……。僕にとってケークとは、そういう焼き菓子。最近は奇抜な素材を使ったものも増えていますが、古典の技術を受け継いだクラシックなタイプにいちばん魅力を感じます。そのため、当店ではあえて、フランスで食べられているような"噛んで味わう生地感"を重視。手の感覚で状態を確かめながらすり混ぜていく伝統的なシュガーバッター法でほろほろとした食感の生地に仕上げ、火通りがよく生地の水分を保つことができる石窯で焼きあげています。

　ルセットは4同割がベース。チョコレートを加える場合は生地が締まりやすいのでバターや卵を多めにしてふわっと感を出す、アンビベするものは粉で骨格をしっかりつくるなど、食感や味わいのバランスを考慮して粉や卵の量を加減しています。ルセットがシンプルなだけに、ケークづくりは材料選びも重要なポイント。コンビニエンスストアの菓子とはひと味違う「パティスリーならではのケーク」を提供するために納得のいく素材を使うようにしています。現在、ケークに使っている小麦粉は粒度が粗く小麦の香りが感じられる「エクリチュール」（日清製粉）。バターは国産発酵バターを使い、砂糖は具材に合わせてグラニュー糖、粉糖、カソナード、上白糖を使い分けています。店頭で販売している商品は「ケーク オ フリュイ」「ケーク シトロン」など5～6品。いい意味で進化しないところがケークの魅力だと思うので、これからも何げなく食べて「なんとなくおいしい」と感じてもらえるケークをつくっていきたいと思います。

アカシエ
埼玉県さいたま市浦和区仲町4-1-12
☎048-877-7021
営業時間／10時～19時
定休日／水曜（祝日の場合は営業）

「フランス菓子の歴史と伝統に学び、受け継がれてきたおいしさを大切にしたい」と興野さん。店内には生菓子、コンフィズリーに加え、素材を一から掘り下げて伝統的な製法で焼きあげたさまざまな焼き菓子が並ぶ。ベーシックなフランス菓子の味わいの豊かさ、奥深さを伝えている。

エイミーズ・ベイクショップ

素朴さと洗練が同居した
アメリカンスタイルの焼き菓子を

オーナー
吉野陽美さん

1977年東京都生まれ。大学卒業後、空間デザインの仕事のかたわら、個人主宰の菓子教室や、ル・コルドン・ブルー代官山校などで製菓を学ぶ。退職後、2010年に独立開業。

レモンポピーシードケーキ　P.25

ラムフルーツケーキ　P.33

バナナブレッド　P.48

キャロットケーキ　P.52

ズッキーニパンプキンケーキ　P.54

アーモンドチョコレートケーキ　P.74

　当店はアメリカンスタイルの焼き菓子専門店です。アメリカンスイーツはシンプルであり家庭的で、手法も合理的なものが中心ですが、私はそんな古くから愛されてきた定番レシピを少しだけ進化させ、洗練された緻密さを盛り込むことを大切にしています。そのため、商品をつくる際はフランス菓子の感覚や手法もとり入れています。

　品揃えは20品ほどで、うち日替わりのケーク8品以上、マフィン6品を中心に、チーズケーキ、カップケーキ、スコーンなどを揃えています。

　アメリカンスタイルのケーキは植物オイルを使うレシピも多くあります。その特徴は、ウェットな材料とドライの材料を合わせてつくることを基本とする合理性にあり、食感はリッチな蒸しパンのようにもっちりと仕上がります。当店のケーキはそうしたアメリカンタイプのオイル系のケーキと、フランス菓子にも通ずるバターケーキの2通りを用意し、めざしたい菓子の食感によっては、その両方の手法を合わせてレシピを組み立てることもあります。

　菓子づくりで気をつけているのは、粉のしっとりとした重みを大切にし、そのなかで食感や味のコントラストをつくることです。ウェットな質感とドライな質感、プチプチした食感やねっとりとした食感、酸味や甘み、スパイシーさなどの要素が強めに出るように工夫しています。

　アメリカンスイーツは、シンプルなだけに、素材選びも重要。これからもよりいっそう素材を厳選し、より幅広い方に楽しんでいただけるようにしたいです。

エイミーズ・ベイクショップ
東京都杉並区西荻北2-26-8 1F
☎03-5382-1193
営業時間／11時〜19時
定休日／月・火曜（祝日の場合は営業）
http://www.amysbakeshop.com/

JR西荻窪駅から徒歩5分の住宅街の近くに2010年7月にオープンした、アメリカンスタイルの焼き菓子の専門店。都会的かつ、クラシカルな雰囲気にデザインされたニューヨーク風の店舗で、ケーキやマフィンなどの焼き菓子を対面販売。12席のカフェを併設。

NOAKE TOKYO

生菓子と焼き菓子の中間をイメージした
フレッシュなオリジナルケーク

パティシエ
田中伸江さん

フランスやスイスで修業したのち、レストラン「ベージュ・トウキョウ」を経て、2009年に共同経営者の田中謙吾氏と屋台パティスリー「ノアケ」を期間限定で出店。12年に実店舗オープン。

ストロベリー
パウンドケーキ P.42

ブランタニエ
苺のケーク P.44

小豆ともち粉 P.58

抹茶のケーク P.96

キャラメルポム P.98

　当店は、屋台からはじめたお菓子とコーヒーの店です。店名を漢字で書くと「野空」。屋台ということもあって、青空の下で、フランス風や和風といった既存のスタイルにとらわれず、純粋にお菓子を楽しんでもらいたいという思いを込めてつけました。

　商品は焼き菓子とチョコレートが中心で、なかでもケークには力を入れています。当店のケークには2つのラインがあります。ひとつはおやつとしてカジュアルに楽しんでもらう「パウンドケーキ」。「レモンジンジャー」や「小豆ともち粉」などの定番と、「ストロベリーパウンドケーキ」などの季節商品を合わせ、常時3～4品を用意。大きなパウンドケーキ型で焼き、注文ごとにカットして、紙に包んで提供しています。

　もうひとつが「ガトードゥテ」というジャンルで、約10品を用意。こちらは手土産や贈答用を意識しています。生菓子と焼き菓子の中間をイメージして、中にガナッシュを挟んだり、「キャラメルポム」のようにフルーツをたっぷり盛り込んだり、生菓子のように組み立てているのが特徴。ビジュアルも、箱を開けたときに驚いてもらえるように、華やかなデコレーションに。いずれも5～6人でシェアして食べることを念頭におき、ホールでの提供を基本としています。

　新しいケークをつくるときは、一つひとつ、シーンを考えながら試作をくり返しています。たとえば、おばあちゃんと孫が一緒に食べられるようなケーク、ママ友のパーティーで出すケーク、ピクニックに持っていくケーク……。さまざまなシーンを盛りあげる、遊び心のあるケークを提案していきたいですね。

NOAKE TOKYO
東京都台東区浅草5-3-7
☎03-5849-4256
営業時間／11時～18時
定休日／月曜、第2・第4日曜
http://noake.jp/

東京・表参道でコーヒーと焼き菓子の屋台販売からスタートし、同・六本木への移転を経て、2012年12月に14席のカフェを併設した実店舗を浅草にオープン。パウンドケーキやクッキーなどのデイリーな菓子と、「ガトードゥテ」やボンボン・ショコラなどのギフト菓子が人気。現在浅草店を含め、4店舗を展開する。

リベルターブル

既成概念にとらわれることなく、自由な発想で新たな表現を追求

オーナーシェフ　森田一頼さん

1978年新潟県生まれ。パティスリー勤務を経て渡仏し、パリ「アストランス」などで修業。東京・青山「ランベリー」シェフパティシエ、同「リベルターブル」シェフを経て2013年10月独立開業。

ケイク フュメ フィグ エ ノワ　P.50

ケイク ショコラ フロマージュ ブルー　P.75

ケイク "ショート"　P.90

ケイク エコセ オ トリュフ ノワール　P.92

ケイク オ レギューム　P.112

　私がつくりたいのは"記憶に残る菓子"。これまで培ってきたフランス菓子やフランス料理の技術、知識をもとに、自由な発想で素材を組み合わせて「ここでしか出合えない菓子」を創造したいと考えています。伝統菓子であるケークも同様の考え方でルセットを開発。たとえば、スペシャリテの「ケイク トリュフ ノワール カルヴァドス」は卵と相性のよい黒トリュフを使い、カルヴァドスの芳醇な香りをまとわせて個性を表現しています。このほか、店頭で提供しているケークは「フレーズ ア ラ ローズ」「オランジュ ショコラ ノワゼット」など6品。

　製法は使用する食材や仕立て方に合わせて選択していますが、比較的使用する機会が多いのは溶かしバターを最後に加える共立て法です。この方法だとバターの温度を決めておけば一定の品質の菓子をつくることができ、しっとりとした食感に仕上げることが可能だからです。また、豊かな香りとなめらかな食感を楽しんでいただくため、洋酒を加えたアンビバージュをたっぷり打っているのも当店のケークの特徴のひとつです。

　今回は、テーマを設けて新たに開発した5つのルセットを紹介しました。このうち「ケイク"ショート"」は「伝統菓子の再構築」をテーマにショートケーキの要素をいったん解体し、記憶の中のショートケーキと重なり合う仕立てに。「ケイク フュメ フィグ エ ノワ」はフランス料理の手法をとり入れて、サクラのウッドで「フュメ（燻製）」したバターを加えることにより、秋の香りただようケーキに仕上げました。このようにさまざまな表現ができるところがケークの魅力。焼き菓子のなかでも、とくに面白みのあるジャンルだと感じています。

リベルターブル
東京都港区赤坂2-6-24 1F
☎03-3583-1139
営業時間／11時～21時
定休日／不定休
http://libertable.com/

パティスリーとして再出発した「リベルターブル」のコンセプトは、レストラン時代と同様「料理とデザートの枠にとらわれない"記憶に残る自由なクリエイティブ"」。グレーを基調とするスタイリッシュな空間に、フォワグラを使った生菓子や黒トリュフ入りの焼き菓子などが並び、存在感を放つ。

quiche quiche

チーズや塩、油脂を極力控え
ヘルシーでふんわりやさしい生地に

オーナー
三宅郁美さん

フランスのル・コルドン・ブルーやエコール・リッツ・エスコフィエで料理と製菓を学ぶ。料理サロン「ル・タブリエ・ブラン」を主宰するかたわら、キッシュとケーク サレの専門店をオープン。

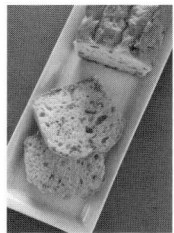

野菜とベーコンの
ケーク サレ　P.114

イカ＆桜エビの
ケーク サレ　P.116

ソーセージと野菜の
ケーク サレ　P.126

野菜と挽き肉の
ケーク サレ（カレー風味）
　　　　　P.127

　ケーク サレは、5年間在住したフランスで当り前のように食べていた思い出の食べもののひとつ。生地に具材を混ぜて焼くだけなので手軽につくれて、子どもからご年配の方まで幅広く召し上がれるのが魅力です。当店のケーク サレは、ふわふわとした食感と、素材のもち味を生かした自然な味わいが特徴。女性のお客さまが8割を占めることもあり、チーズや塩、油脂の分量を控え、ヘルシーで身体にやさしい味に仕上げています。粉は、きめが細かくふわっと仕上がる薄力粉に強力粉をブレンド。中に入れる具材は、味の骨格となる食材を必ずひとつ入れるように意識しています。香りのよいベーコンやこうばしい桜エビなど、インパクトのある素材を選ぶとメリハリのある味に仕上がります。さらに、ショーケースに並べたときの見ばえも考え、必ず断面をイメージして具材を決めています。赤や緑、黄色など複数の野菜を混ぜ込めば宝石箱のようにカラフルに仕上がりますし、オクラのように形の面白い素材や、ソーセージなどの丸い断面を入れると表情がぐんと豊かになります。

　また、フランスと同じように、日本でもご飯やサンドイッチと同じ感覚でケーク サレを日常的に食べてもらえるように、当店のケーク サレはフランスの家庭での食べ方のひとつを真似て厚さ1cmほどにスライスし、間にチーズクリームを挟んで提供しています。ケーク サレの味に合わせてレモンやワサビ風味など数種類のチーズクリームを使っており、組合せによっていろいろな味を楽しめるようにしています。お客さまの好みをお聞きしながらつくる「塩味の記念日ケーキ」（要予約）も人気です。

quiche quiche
東京都豊島区目白3-14-18 目白ヒカリハイツ1F
☎ 03-6908-1544
営業時間／10時30分〜19時
定休日／火曜
http://www.quichequiche.com/

楽しくわかりやすい料理サロンが評判の料理研究家・三宅郁美さんが2010年7月にオープンしたキッシュとケーク サレの専門店。カフェ8席を併設したかわいらしい店内に、キッシュ7品、ケーク サレ4品、デザート4品、焼き菓子14品が並ぶ。

カフェ・ド・ヴェルサイユ

チーズの風味を生かしたこくのある生地と具材・形の組合せでバリエーションを出す

ファクトリーシェフ　中村たかこさん

「カフェ・ド・ヴェルサイユ」のオープン時からケーク サレの製造とレシピづくりを担当。得意分野の製パン・製菓の発想も生かし、新商品を次々と開発している。

コック オー ヴァンの
ケーク サレ　P.118

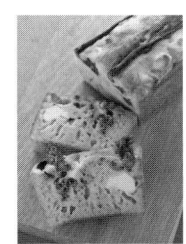

エスカルゴとバジルの
ケーク サレ　P.120

小海老と春野菜の
ケーク サレ　P.122

ドライフルーツと
ミモレットの
ケーク サレ　P.123

　フランスでは、主婦が冷蔵庫に残ったチーズと野菜でケーク サレをつくるように、当店のケーク サレも日常的に食べていただけるよう、日本人に親しみやすい味づくりをコンセプトにしています。生地はバターを使わずヘルシー感を高め、日本人好みのしっとり、ふんわりとした食感に。ミキシングの際にはできるだけグルテンをつくらないように低速で生地をつなぎます。日本ではケーク サレはまだなじみが薄いので、具材や形状を変えてバリエーション豊富にそろえ、朝食やおやつ、ワインのお供など幅広いシチュエーションで楽しめるように提案しています。

　中に入れる具材は、以前は生地との一体感を重視して小さくカットしていましたが、最近は逆に大きくして素材感を感じられるようにしています。オリーヴやアンチョビ、ベーコンなど定番の具材を使った食事系のケーク サレに加え、ドライフルーツやナッツなどを使ったスイーツ寄りのものや、山菜やへしこなどの発酵食品といった日本の素材をとり入れた和風のものなど、これまでに開発したレシピは100以上にもなります。

　ケーク サレの味を決める重要な要素がチーズです。フランスではグリュイエールチーズを使うのが一般的ですが、当店では売価を抑えて日常的な価格でお客さまに提供するために、こくのあるゴーダチーズや、食感が残るクリームチーズ、パウダー状でどんな具材とも合わせやすいパルメザンチーズなどさまざまなチーズを使っています。2種類を組み合わせることもあり、それによって生まれる味の変化もケーク サレをつくる楽しみのひとつだと思います。

カフェ・ド・ヴェルサイユ
東京都目黒区中目黒4-10-34
パルトハイム1F
☎03-5722-7741
営業時間／10時30分〜17時
定休日／日曜
http://inter-mk.jp

日本初のケーク サレ専門店として2007年にオープン。常時5〜6品の「ケーク サレ」と、チョコレートや塩バニラなどの「ケーク スクレ（デザートケーキ）」を販売。20席のカフェスペースを設け、ケークのさまざまな楽しみ方を提案している。

おもな材料・風味別索引

*頁数が2つある場合は、左が写真、右がレシピ掲載頁です。

CAKES SUCRÉS
ケーク シュクレ

フルーツ&ドライフルーツ、ジャム

アンズ
ケーク ショコラ フィグ ダブリコ／パティスリー ユウ ササゲ　71・73
イチゴ
テリーヌ ド フリュイ／メゾン・ド・プティ・フール　38
ストロベリーパウンドケーキ／NOAKE TOKYO（ノアケ トウキョウ）　42
プランタニエ 苺のケーク／NOAKE TOKYO（ノアケ トウキョウ）　44・46
シシリエンヌ／メゾン・ド・プティ・フール　45・47
ケイク"ショート"／リベルターブル　90
イチジク
ケイク フュメ フィグ エ ノワ／リベルターブル　50
ケーク ショコラ フィグ オランジュ／アカシエ　70・72
ケーク ショコラ フィグ ダブリコ／パティスリー ユウ ササゲ　71・73
オレンジ
ケーク オランジュ／パティスリー ユウ ササゲ　14
テリーヌ ド フリュイ／メゾン・ド・プティ・フール　38
ショコラ オランジュ／メゾン・ド・プティ・フール　66・68
ケーク ショコラ フィグ オランジュ／アカシエ　70・72
テリーヌ ドートンヌ／メゾン・ド・プティ・フール　86
キイチゴ
ケーク パルファン／パティスリー ユウ ササゲ　88
サクランボ
ウィークエンド スリーズ／パティスリー・ドゥ・シェフ・フジウ　16・18
パイナップル
ウィークエンド アナナ／パティスリー・ドゥ・シェフ・フジウ　17・19
キャロットケーキ／エイミーズ・ベイクショップ　52
バナナ
バナナブレッド／エイミーズ・ベイクショップ　48
バナーヌ ショコラ キュイ／パティスリー ユウ ササゲ　67・69
プルーン
テリーヌ ド フリュイ／メゾン・ド・プティ・フール　38
テリーヌ ドートンヌ／メゾン・ド・プティ・フール　86
ミックスドライフルーツ&フルーツコンフィ
ケーク アングレーズ／ノリエット　28・30
ケーク オ フリュイ／アカシエ　29・31
ケーク オ フリュイ／パティスリー ユウ ササゲ　32・34
ラムフルーツケーキ／エイミーズ・ベイクショップ　33・35
フリュイ オ ザマンド／パティスリー・ドゥ・シェフ・フジウ　36
リンゴ
キャラメルポム／NOAKE TOKYO（ノアケ トウキョウ）　98
レーズン
キャロットケーキ／エイミーズ・ベイクショップ　52
レモン
ケーク ミエル シトロン／ノリエット　20・22
ケーク オ テ シトロン／メゾン・ド・プティ・フール　21・23
ケーク シトロン／アカシエ　24・26
レモンポピーシードケーキ／エイミーズ・ベイクショップ　25・27

野菜、豆、種子類

カボチャ・ズッキーニ・パンプキンシード
ズッキーニパンプキンケーキ／エイミーズ・ベイクショップ　54
トリュフ
ケイク エコセ オ トリュフ ノワール／リベルターブル　92
ニンジン
キャロットケーキ／エイミーズ・ベイクショップ　52
豆
バナナブレッド／エイミーズ・ベイクショップ　48
ウィークエンド 黒ごま黒豆／パティスリー・ドゥ・シェフ・フジウ　56

小豆ともち粉／NOAKE TOKYO（ノアケ トウキョウ）　58
ゴマ
ウィークエンド 黒ごま黒豆／パティスリー・ドゥ・シェフ・フジウ　56
ポピーシード
レモンポピーシードケーキ／エイミーズ・ベイクショップ　25・27

チョコレート

ケーク シトロン／アカシエ　24・26
マーブル ショコラ／アカシエ　60
ウィークエンド ショコラ／パティスリー・ドゥ・シェフ・フジウ　62・64
ショコラ ドゥーブル／ノリエット　63・65
ショコラ オランジュ／メゾン・ド・プティ・フール　66・68
バナーヌ ショコラ キュイ／パティスリー ユウ ササゲ　67・69
ケーク ショコラ フィグ オランジュ／アカシエ　70・72
ケーク ショコラ フィグ ダブリコ／パティスリー ユウ ササゲ　71・73
アーモンドチョコレートケーキ／エイミーズ・ベイクショップ　74・76
ケイク ショコラ フロマージュ ブルー／リベルターブル　75・77
ケーク マロン／ノリエット　82・84
テリーヌ ドートンヌ／メゾン・ド・プティ・フール　86
ケイク エコセ オ トリュフ ノワール／リベルターブル　92
抹茶のケーキ／NOAKE TOKYO（ノアケ トウキョウ）　96

キャラメル

テリーヌ ド フリュイ／メゾン・ド・プティ・フール　38
ケーク オ キャラメル／パティスリー ユウ ササゲ　78・80
キャトル キャール ブルトン／アカシエ　79・81
ケーク カフェ ノワ／メゾン・ド・プティ・フール　83・85
テリーヌ ドートンヌ／メゾン・ド・プティ・フール　86
キャラメルポム／NOAKE TOKYO（ノアケ トウキョウ）　98

ナッツ

アーモンド
ケーク オランジュ／パティスリー ユウ ササゲ　14
ウィークエンド スリーズ／パティスリー・ドゥ・シェフ・フジウ　16・18
ウィークエンド アナナ／パティスリー・ドゥ・シェフ・フジウ　17・19
フリュイ オ ザマンド／パティスリー・ドゥ・シェフ・フジウ　36
ストロベリーパウンドケーキ／NOAKE TOKYO（ノアケ トウキョウ）　42
シシリエンヌ／メゾン・ド・プティ・フール　45・47
ウィークエンド 黒ごま黒豆／パティスリー・ドゥ・シェフ・フジウ　56
ウィークエンド ショコラ／パティスリー・ドゥ・シェフ・フジウ　62・64
ショコラ ドゥーブル／ノリエット　63・65
バナーヌ ショコラ キュイ／パティスリー ユウ ササゲ　67・69
ケーク ショコラ フィグ ダブリコ／パティスリー ユウ ササゲ　71・73
アーモンドチョコレートケーキ／エイミーズ・ベイクショップ　74・76
ケーク オ キャラメル／パティスリー ユウ ササゲ　78・80
ケーク パルファン／パティスリー ユウ ササゲ　88
ケイク"ショート"／リベルターブル　90
ケイク エコセ オ トリュフ ノワール／リベルターブル　92
抹茶のケーキ／NOAKE TOKYO（ノアケ トウキョウ）　96
キャラメルポム／NOAKE TOKYO（ノアケ トウキョウ）　98
クリ
ケーク マロン／ノリエット　82・84
テリーヌ ドートンヌ／メゾン・ド・プティ・フール　86
クルミ
バナナブレッド／エイミーズ・ベイクショップ　48
ケイク フュメ フィグ エ ノワ／リベルターブル　50
キャロットケーキ／エイミーズ・ベイクショップ　52
ケーク カフェ ノワ／メゾン・ド・プティ・フール　83・85
キャラメルポム／NOAKE TOKYO（ノアケ トウキョウ）　98
ココナッツ

キャロットケーキ／エイミーズ・ベイクショップ　52
ピスタチオ
シシリエンヌ／メゾン・ド・プティ・フール　45・47
ヘーゼルナッツ
ケイク ショコラ フロマージュ ブルー／リベルターブル　76・77
テリーヌ ドートンヌ／メゾン・ド・プティ・フール　86

ハチミツ、ハーブ＆スパイス

ハチミツ
ケーク ミエル シトロン／ノリエット　20・22
ケーク オ フリュイ／パティスリー ユウ ササゲ　32・34
バラ
ケーク パルファン／パティスリー ユウ ササゲ　88
スパイス
テリーヌ ド フリュイ／メゾン・ド・プティ・フール　38
バナナブレッド／エイミーズ・ベイクショップ　48
キャロットケーキ／エイミーズ・ベイクショップ　52
ズッキーニパンプキンケーキ／エイミーズ・ベイクショップ　54
アーモンドチョコレートケーキ／エイミーズ・ベイクショップ　74・76
テリーヌ ドートンヌ／メゾン・ド・プティ・フール　86

コーヒー、茶

コーヒー
アーモンドチョコレートケーキ／エイミーズ・ベイクショップ　74・76
ケーク カフェ ノワ／メゾン・ド・プティ・フール　83・85
紅茶
ケーク オ テ シトロン／メゾン・ド・プティ・フール　21・23
ケーク パルファン／パティスリー ユウ ササゲ　88
抹茶、煎茶
ウィークエンド 黒ごま黒豆／パティスリー・ドゥ・シェフ・フジウ　56
抹茶のケーキ／NOAKE TOKYO（ノアケ トウキョウ）　96

チーズ

クリームチーズ
レモンポピーシードケーキ／エイミーズ・ベイクショップ　25・27
キャロットケーキ／エイミーズ・ベイクショップ　52
ブルーチーズ
ケイク ショコラ フロマージュ ブルー／リベルターブル　75・77

CAKES SALÉS
ケーク サレ

オリーヴ

ケーク サレ／パティスリー・ドゥ・シェフ・フジウ　106
ケーク サレ／ノリエット　108
エスカルゴとバジルのケーク サレ／カフェ・ド・ヴェルサイユ　120

ドライトマト

ケーク サレ／パティスリー・ドゥ・シェフ・フジウ　106
ケーク サレ／ノリエット　108
小海老と春野菜のケーク サレ／カフェ・ド・ヴェルサイユ　122・124

ドライフルーツ

ドライフルーツとミモレットのケーク サレ／カフェ・ド・ヴェルサイユ　123・125

ハーブ＆スパイス

ケーク サレ／パティスリー・ドゥ・シェフ・フジウ　106
ケーク サレ／ノリエット　108
ケーク サレ キュリー／ノリエット　110
ケイク オ レギューム／リベルターブル　112
イカ＆桜エビのケーク サレ／quiche quiche（キシュ キシュ）　116
コック オー ヴァンのケーク サレ／カフェ・ド・ヴェルサイユ　118
エスカルゴとバジルのケーク サレ／カフェ・ド・ヴェルサイユ　120
小海老と春野菜のケーク サレ／カフェ・ド・ヴェルサイユ　122・124
ドライフルーツとミモレットのケーク サレ／カフェ・ド・ヴェルサイユ　123・125
野菜と挽き肉のケーク サレ（カレー風味）／quiche quiche（キシュ キシュ）　127・129

チーズ

ケーク サレ／パティスリー・ドゥ・シェフ・フジウ　106
ケーク サレ キュリー／ノリエット　110
ケイク オ レギューム／リベルターブル　112
コック オー ヴァンのケーク サレ／カフェ・ド・ヴェルサイユ　118
エスカルゴとバジルのケーク サレ／カフェ・ド・ヴェルサイユ　120
小海老と春野菜のケーク サレ／カフェ・ド・ヴェルサイユ　122・124
ドライフルーツとミモレットのケーク サレ／カフェ・ド・ヴェルサイユ　123・125
ソーセージと野菜のケーク サレ／quiche quiche（キシュ キシュ）　126・128
野菜と挽き肉のケーク サレ（カレー風味）／quiche quiche（キシュ キシュ）　127・129

野菜

ケーク サレ／ノリエット　108
ケーク サレ キュリー／ノリエット　110
ケイク オ レギューム／リベルターブル　112
野菜とベーコンのケーク サレ／quiche quiche（キシュ キシュ）　114
イカ＆桜エビのケーク サレ／quiche quiche（キシュ キシュ）　116
コック オー ヴァンのケーク サレ／カフェ・ド・ヴェルサイユ　118
エスカルゴとバジルのケーク サレ／カフェ・ド・ヴェルサイユ　120
小海老と春野菜のケーク サレ／カフェ・ド・ヴェルサイユ　122・124
ソーセージと野菜のケーク サレ／quiche quiche（キシュ キシュ）　126・128
野菜と挽き肉のケーク サレ（カレー風味）／quiche quiche（キシュ キシュ）　127・129

魚介

イカ＆桜エビのケーク サレ／quiche quiche（キシュ キシュ）　116
小海老と春野菜のケーク サレ／カフェ・ド・ヴェルサイユ　122・124

肉・肉加工品

ハム、ベーコン、ソーセージ
ケーク サレ／ノリエット　108
野菜とベーコンのケーク サレ／quiche quiche（キシュ キシュ）　114
ソーセージと野菜のケーク サレ／quiche quiche（キシュ キシュ）　126・128
鶏肉
ケーク サレ キュリー／ノリエット　110
コック オー ヴァンのケーク サレ／カフェ・ド・ヴェルサイユ　118
合挽き肉
野菜と挽き肉のケーク サレ（カレー風味）／quiche quiche（キシュ キシュ）　127・129

珍味

キクラゲ・さきイカ
イカ＆桜エビのケーク サレ／quiche quiche（キシュ キシュ）　116
エスカルゴ
エスカルゴとバジルのケーク サレ／カフェ・ド・ヴェルサイユ　120

ケーク シュクレ&ケーク サレ
パティスリーとカフェ10店の
ケーク・バリエーション53

初版印刷	2014年9月20日
初版発行	2014年10月1日
編者Ⓒ	柴田書店
発行者	土肥大介
発行所	株式会社柴田書店
	東京都文京区湯島3-26-9 イヤサカビル 〒113-8477
	電話　営業部　　　　03-5816-8282（注文・問合せ）
	書籍編集部　　03-5816-8260
URL	http://www.shibatashoten.co.jp/
印刷・製本	日経印刷株式会社

本書収録内容の無断掲載・複写（コピー）・引用・データ配信等の行為は固く禁じます。
落丁・乱丁本はお取り替えいたします。

ISBN978-4-388-06199-0
Printed in Japan